D1722315

DIE GRÜNEN – Das alternative Parteibuch

© Tomus Verlag GmbH, München 1998
Alle Rechte der Verbreitung, auch durch Fernsehen, Funk, Film,
fotomechanische Wiedergabe, Daten-, Bild- und Tonträger jeder Art,
sowie auszugsweiser Nachdruck vorbehalten.
Lektorat: Evelyn Walther
Satz: DTP-Dompteuse
Druck und Bindung: Proost N.V., Turnhout, Belgien
1 2 3 4 5   02 01 00 99 98
Auflage   Jahr
(jeweils erste und letzte Zahl maßgeblich)

ISBN 3-8231-1558-8

DIE GRÜNEN

Das alternative Parteibuch

Von Josef Dürr
mit Zeichnungen von Klaus Puth

TOMUS

Inhalt

Kurze Geschichte der Grünen

Die Geschichte der Grünen ist untrennbar verbunden mit der Geschichte des Turnschuhs. Diese wiederum hängt sehr stark von der Entwicklungsgeschichte fußschweißhemmender Mittel ab.

Sicherlich war der Turnschuh nicht eines Tages plötzlich da. Er mußte erst erfunden werden. Das war ein hartes Stück Arbeit, aber es hat sich gelohnt. Erstmals in der Geschichte des Schuhwerks wurde eine Massenbewegung auf eine ordentliche Grundlage gestellt. Marx hat Hegel vom Kopf auf die Füße gestellt. Das ging noch ganz ohne Turnschuhe. Aber was haben frühere Generationen nicht alles gelitten, die marschieren mußten, ganz egal, ob sie über die entsprechende Fußbekleidung verfügten oder nicht. Da war es mit den Grünen schon ganz etwas anderes.

Sicher muß man zugeben, daß auch die Anfänge der Grünen noch äußerst bescheiden waren. Was sind da für Jesus-Latschen rumgelaufen! Aber das war wie ausgelöscht und ein für allemal erledigt, als Joschka erstmals im Bundestag auftrat: ein kleiner Schritt für einen Mann, aber was für ein Schritt für die Menschheit! Von da an war der Fortschritt der grünen Sache nicht mehr aufzuhalten.

Man sollte der Gerechtigkeit halber noch erwähnen, daß die erste, fast noch prähistorische Phase der Grünen nicht denkbar gewesen wäre ohne andere Bekleidungsstücke. Nicht allein der Fuß mußte ja verhüllt werden – was sich in unseren Breiten und Sitten eigentlich von selbst versteht. Deshalb sehen wir Wickelrock, Palästinensertuch und Stoffwindeln nur als historische Marginalien an. Wollknäuel und Nadeln hatten sich ohnehin selbst erledigt, als die Industrielle Revolution auch zu den Grünen erst die Strickliesel und schließlich Web- und Strickmaschinen brachte. Diese zweite, rein grüne Industrielle Revolution war im Unterschied zur ersten des vorigen Jahrhunderts eine sehr stille Revolution. Kaum bemerkt, ohne jegliche Weberaufstände und Maschinenstürmereien konnte sie sich etablieren. Deshalb ist es unserer Auffassung nach äußerst ungerecht, daß den Grünen immer noch der Ruch der Technikfeindlichkeit anhaftet. Ohnehin absurd erscheint dieser Vorwurf jedem unvoreingenommenen Beobachter, der wie wir die Grundlage jeglichen grünen Fortschrittes genauer betrachtet. Der Turnschuh aber konnte seinen Siegeslauf erst starten, als er funktionslos geworden war. Daran zeigt sich recht eigentlich der postmoderne und postindustrielle Charakter der grünen Partei.

Lange Geschichte der Grünen

Die lange „Geschichte der Grünen" wird vom Verlag in 22 Bänden vorbereitet. Sie soll rechtzeitig zum Geburtstag der Grünen im Jahre 2078, 2079 oder 2080 unter dem Arbeitstitel „100 Jahre Opposition" erscheinen. Es sind folgende Bände geplant bzw. in Arbeit:

Bd. 1: „Gründungs- und Richtungskämpfe vor der großen Einigung durch Joschka Fischer".

Bd. 2: „Reden und Aufsätze unseres großen Nicht-Vorsitzenden Joschka Fischer".

Bd. 3 bis 18: „,Herr Fischer, wir danken für das Gespräch.' Interviews mit Joschka".

Bd. 19 bis 21: „Die goldenen Jahre der Partei mit J.F.".

Bd. 22: „Die Zeit nach Fischer".

Ergänzungs- und Sonderband: „,Ich wollte doch nie Kanzler werden! Oder?' Das geheime Tagebuch des Josef F."

Die grüne Basis

Die Basis ist das Wichtigste für eine/n Grüne/n. Wenn zwei oder drei im Namen der Grünen zusammen sind, dann ist sie mitten unter ihnen. Die grüne Basis ist also schmal, sehr schmal. So schmal wie des gegenwärtigen Kanzlers Handtuch am Wolfgangsee; nicht schmal an und für sich, eigentlich schon von ganz ordentlicher Breite, um nicht zu sagen ausladend, aber doch zu schmal, viel zu schmal.

Ortsvorstandswahlen werden schon mal so angekündigt: „Fungis an Normalos: ‚Bitte kommen, Basis!' ... denn ohne euch ist alles nix!" Was lernen wir daraus? Erstens, daß wir nicht alles wissen. Wir kennen (oder haben fast schon vergessen) Fundis und Realos. Aber was sind Fungis? Wirken hier auch Fungizide? Soll das grüne Parteileben nicht ökologisch, also chemiefrei ablaufen? Ist der Begriff der Normalität (und nicht zuletzt gerade im grünen Umfeld) nicht längst dermaßen fragwürdig geworden, weil er sich nicht definieren läßt? Haben wir uns im übrigen allenthalben und gerade in der Politik nicht längst an das Absurde gewöhnt? Zweitens hält sich offenbar ein/e Grüne/r, die/der mit einem Amt ausgestattet wurde, und sei es noch so klein und bescheiden, nicht mehr für normal.

Es gibt zwei Arten von Basis (analog: zwei Handtücher): einmal die gewöhnliche Basis und zum anderen die eigentliche Basis – das Fundament der grünen Partei. Jede und jeder mit kleinem und kleinstem Amte, Delegierte, BeisitzerInnen in Orts- und Kreisverbänden, KassiererInnen: lauter Fundamentalisten. Das Fundament der grünen Partei aber kämpft einen aussichtslosen Kampf gegen die Hydra der Promis (siehe dort). „Promis" sind all diejenigen, die nicht mehr zur Basis gehören; die jenseits der Basis stehen und sich, wie es immer heißt, von der Basis entfremdet haben. Manchmal werden sie auch Realos (span. „real": königlich) genannt, weil sich vorzugsweise die Männer unter ihnen für kleine Könige halten. Dieser Hydra die Köpfe abzuschlagen ist die Basis stets bemüht, doch, wie gesagt, vergebens: immer wachsen neue nach. Es gibt eben zwischen Himmel und Erde nicht nur „nachwachsende Rohstoffe" (sogenannte Nawaros), sondern auch „nachwachsende Köpfe" (Nawakos). Das allerdings versteht kein Mensch. Denn eigentlich müßte man doch meinen, die Grünen seien irgendwann ausgeblutet.

Joschka Fischer bei Harald Schmidt

J. F.: „... also jetzt reicht's! Das kann ich nun wirklich nicht mehr hören mit den armen Promis. Will mich vielleicht irgendjemand demontieren?"

H. S.: *„Aber stimmt das nicht, daß sich die Grünen selbst enthaupten, wenn sie dauernd ..."*

J. F.: „Entschuldigen Sie, wenn ich Sie unterbrechen muß, aber daran sind Sie selbst schuld, wenn Sie solchen Unsinn nachplappern. Wo sind den die vielen Köpfe, die angeblich enthauptet werden? – Ich hab nur einen Kopf. Und der genügt. Mir jedenfalls. Ich halte die ganze Diskussion ‚Basis gegen Basis' oder umgekehrt für ein rein grün-internes Problem. Das wird künstlich hochgespielt. Davon kriegt doch außerhalb unserer kleinen Partei niemand etwas mit. – Was soll denn das überhaupt sein: ‚Promis'? Wenn ich um mich schau', wenn ich mich umschau', ich sehe weit und breit keine ‚Promis'. Haben Sie schon mal den Film ‚Sunset-Boulevard' gesehen?"

H. S.: ... – ...

J. F.: „Früher war das was ganz anderes, als Petra (Kelly,

d. Red.) noch lebte und der, na, wie hieß er doch noch gleich? der ... Oder als diese giftige Frau noch bei uns war, die den Franz Josef Strauß zur Schnecke machte ... Das waren noch Zeiten. Aber heute? Fallen Ihnen vielleicht bekannte grüne Namen ein?"

H. S.: „Vielen Dank für die feine Filmkritik, Herr, äh, ... Wie war noch gleich Ihr Name?"

Promis

Seit ihren Anfängen hat die Anti-Parteien-Partei alles versucht, was man gegen Star-Rummel und Personenkult alles versuchen kann. Leider war dies Bemühen nicht immer von Erfolg gekrönt. Bedauerlicherweise war es nicht einmal zu vermeiden, daß häufig gerade die heftigsten und erfolgreichsten Vorkämpfer der Anti-Parteien-Partei sich durch ihr besonderes Engagement und außergewöhnlichen Erfolg von allen weniger engagierten oder erfolgreichen Mitgliedern der Anti-Parteien-Partei abhoben. (Ob Adorno von diesem verwirrenden Paradoxon sprach, als er so schwer verständlich über die „Dialektik der Aufklärung" philosophierte? Wer war Adorno? Ein Gründungsmitglied der Anti-Parteien-Partei?)

Dazu kam verschärfend, daß die Medien vor allem, aber auch die „Öffentlichkeit" als solche sich grüne Ideen immer wieder erläutern lassen wollten – und das immer öfter und immer lieber von solchen Mitgliedern der Anti-Parteien-Partei, die das am besten konnten, beziehungsweise die das meiste Engagement und den größten

Erfolg bei der Umsetzung grüner Ideen zeigten. Schlimmer noch: auch die grünen Wähler waren nicht gegen den Wunsch gefeit, grüne Ideen in Personen verkörpert zu sehen – und das vorzugsweise in Personen mit stimmiger, engagierter und erfolgreicher Praxis.

Die grünen Parteimitglieder haben all diese verstörenden Entwicklungen keineswegs tatenlos hingenommen. Das kann man ihnen nicht vorwerfen. Sie wußten immer, daß die Partei, wenn sie auch in Zukunft was zu sagen haben will, aufpassen muß, daß Mandatsträger sich nicht langsam wie Heilige von der Basis (siehe dort) abheben und so hoch schweben, daß sich keiner mehr traut, sie abzuwählen. Die Partei durfte sich die Initiativgewalt nicht aus der Hand nehmen lassen. Die Anti-Parteien-Partei war schließlich nicht zuletzt eine Partei ohne Gesichter. Es kann ja wohl nicht darauf ankommen, wer etwas sagt, sondern ob das, was er oder sie sagt, richtig ist, oder?!

Das Geschwätz von Glaubwürdigkeit und Kompetenz oder gar Erfahrung war doch nur der untaugliche, leicht zu durchschauende Versuch von Mandatsträgern, ihre Posten abzusichern. Aber denen wollte die grüne Basis schon helfen! Da gab es vielversprechende Instrumente: die „Rotation" (siehe dort) und das nicht weniger schreckenverbreitende „imperative Mandat". Ich weiß gar nicht mehr genau, worum es dabei ging, aber es war eine ziemlich gute Methode diesen Promis zu zeigen, wo die Basis den Most holte. Alles Geschichte.

Heute gibt es bei den Grünen keinen Star-Rummel mehr und auch keinen Personenkult. Es gibt ja schließlich auch keine Promis mehr. Nur noch erfolgreiche, kompetente Politiker, um die uns alle anderen Parteien beneiden.

Ein Herz für Otto Schily

Aus der Sendung „In die Zange genommen. Dieter Lüg und Hannes Trüg befragen ehemalige Politiker"

L: „Herr Schily, die SPD hat sie abgehalftert. Kann man das so sagen? Sie hat Ihnen jedenfalls einen praktisch aussichtslosen Listenplatz zugewiesen. Hat sich der Austritt aus der GRÜNEN Partei für Sie nun gelohnt?"

T: „Fühlen Sie sich überhaupt in der Lage, jetzt schon Bilanz zu ziehen? Oder rechnen Sie noch damit, durch einen großartigen Wahlsieg Ihrer inzwischen ja auch nicht mehr so ganz neuen Partei in den Bundestag einzuziehen?"

Sch: „Gelohnt? Was heißt hier gelohnt? Ich war nie auf Lohn aus. Wenn ich von einer Sache überzeugt bin, dann bin ich überzeugt. Außerdem konnte wirklich niemand von mir verlangen, noch einen Tag länger in dieser chaotischen Partei zu bleiben! Ich weiß nicht, ob Sie jemals darauf geachtet haben, welch Unterschied allein schon in der Kleidung zwischen mir und denen bestand. Also ich habe darauf geachtet. Das Wort ‚korrekt' zu verstehen, dafür brauchen die einen Dolmetscher."

T: „Fühlen Sie sich jetzt von der SPD korrekt behandelt?"

L: „Herr Schily, wie kommt es, daß Sie sich immer an den Rändern und nicht im Herzen der Partei befinden, in der sie tätig sind?"

Sch: „Weil ich meinen Kopf nicht an der Garderobe abgebe."

T: „Also geben all die anderen ihren Kopf an der Garderobe ab?"

Sch: „ ... "

L: „Herr Schily, hat Sie die Wandlung vom engagierten Anwalt, der erbittert jede Einschränkung der Freiheitsrechte bekämpfte, zum Verfechter der Staatsräson diesen Kopf gekostet?"

Sch: „Wie Sie sehen, ich haben meinen Kopf noch. Aber es ist noch lange nicht sicher, daß eine Partei auch ein Herz hat."

L: „ – "

T: „ – "

Sch: „Es kann doch nicht so schwer sein, meinen Argumenten zu folgen. Wer das nicht kann, der soll es doch bleiben lassen."

L: „ ? "

T: „ ? "

Sch: „Ich lasse mich in Einzelpunkten durchaus kritisieren. Da bricht mir kein Zacken aus der Krone."

L: „Herr Schily, zählen Sie zu den gekrönten Häuptern?"

T: „Dann wären Sie also doch lieber Realo bei den Grünen geblieben?"

Sch: „ ! "

Lebensräume
grüner Varietäten

0 Biotop-Kartierung

Den soziogeographischen Gegebenheiten entsprechend gliedert sich das Verbreitungsgebiet grüner Flora und Fauna in zwei quasi naturräumliche Einheiten: 1. städtisch geprägte Ballungsräume und 2. ländlich strukturierte Regionen. Dazwischen könnte idealtypisch 3. noch eine weitere Einheit konstruiert werden, die der fließenden Übergänge von einem Raum zum anderen, in der die in den beiden Hauptgebieten vorzufindenden Arten ganz besondere Artengesellschaften bilden. Allerdings ist dieser Raum weder soziologisch noch geographisch scharf von den beiden Grundeinheiten abzugrenzen.

0.1 Ballungsräume

Ballungsräume sind charakterisiert durch eine hohe Populationsdichte unterschiedlichster Spezies und ein dichtes Netz von variablen und in ihrer Variabilität reichhaltigen Vergesellschaftungsformen. Diese Besonderheit bietet allen übrigen Ur- und Reinformen politischer Gattungen, insbesondere schwarzen Varietäten, aber in jüngster Zeit auch merklich roten und allen übrigen sich zunehmend verschlechternde Lebensbedingungen. Wie alles im Leben ist auch dies relativ: Das absolute Aufkommen schwarzer und regional zentriert auch roter Gattungen ist immer noch erheblich und zahlenmäßig dominierend. Aber ihre Population nimmt absolut im Vergleich zu früheren Erhebungen ab, und zwar mit deutlich absteigender Tendenz. Für die beobachtete Degradierung signifikant ist zudem, daß die „klassischen" roten oder schwarzen Phänotypen nirgends mehr präsent sind. Kümmerexemplare prägen das Bild. Ihre Wachstumsbedingungen verschlechtern sich offenbar.

Dagegen hat sich grüne Flora und Fauna gerade dieser ausgeprägt vielfältigen Struktur im Laufe ihrer Evolution ideal angepaßt. Man könnte sagen, sie ist das eingeborene Kind dieser naturräumlichen Einheit, wie wir sie heute vorfinden. Von dort aus besiedelt sie in Form speziell angepaßter Unterarten die angrenzenden Naturräume, die oben beschriebene Übergangszone und den sogenannten ländlichen Raum.

0.2 Ländlicher Raum

Der ländliche Raum ist ein Thema für sich. Der ländliche Raum scheint auf den ersten Blick für grüne Flora und Fauna ein in etwa so geeigneter Nährboden wie die Wüste Sahara für Laubbäume und -frösche. Aber bei nur etwas näherer Betrachtung zeigen sich zum einen eine Unzahl von Oasen, in denen auch weniger robuste grüne Varietäten ihre Heimat finden können. Darüber hinaus enthüllt sich gerade im ländlichen Raum die Evolution in ihrer ganzen Reichhaltigkeit: Es gibt, wie wir sehen werden, allerhand Unterarten, die offenbar genügsam genug sind, selbst mit den härtesten und lebensfeindlichsten Bedingungen fertig zu werden (Basis: reduzierter Stoffumsatz).

Vorwegnehmend kann man sagen, daß das Auftreten grüner Populationen dem Grünanteil im vorgefundenen Lebensraum umgekehrt proportional ist. Das mag den Laien überraschen, aber der Fachmann wundert sich nicht, ist das doch durchaus keine ungewohnte Erscheinung: Nur allzu häufig dürfen wir feststellen, daß sich beispielsweise in Zeigerpflanzen von Mangelböden genau die für eine ungestörte Entwicklung gängiger Kultur- oder Wildpflanzen fehlenden Baustoffe in ungewöhnlich hoher Dosierung konzentrieren (z. B. extrem kalkhaltige Pflanzen auf kalkarmen Böden).

1 Grüne Populationen der Ballungsräume

Die in Ballungsräumen auftretenden grünen Spezies sind durch eine hohe Anpassungsbereitschaft und -fähigkeit ausgezeichnet. (Wie im übrigen alle grünen Varietäten: Dieses Kriterium könnte sich – vorbehaltlich weitergehender Untersuchungen, die den Rahmen dieser Arbeit sprengen würden – als ein konstituierendes Element der grünen Gattung erweisen.) Sie reagieren in ihrer Mehrzahl spontan und flexibel auf allerkleinste Veränderungen der Lebensbedingungen, ohne je ihre spezielle Eigenart aufzugeben. Grüne Ballungsarten verfügen über eine hohe Vitalität, man könnte fast sagen Virulenz. Sie sind es auch, die sowohl die Übergangszonen wie das Land aktiv besiedelten, sich mit den wenigen dort originär entstehenden grünen Varietäten mischten und so grünfreundliche Strukturen stabilisierten. Eine geringere Anzahl Varietäten wurde in letzter Zeit allerdings aus ihrem Ursprungsraum in die angrenzenden Gebiete und zum Teil bis an deren Ränder abgedrängt und fristet dort nunmehr ein marginales Dasein, wie wir weiter unten sehen werden.

1.1 Der Realo und seine weibliche Form, die Reala

Der Realo und sein Weibchen geben uns noch viele Rätsel auf. In der gängigen Fachliteratur umstritten ist bereits die Frage, ob es nicht eher umgekehrt „die Reala und ihr Männchen" heißen müsse, welches Geschlecht also dominiere; ja nicht einmal die für das Fortbestehen einer Art gewöhnlich als unerläßlich angesehene Frage ist geklärt, ob beide überhaupt ein Paarungsverhalten zeigen. Gerade letztere Frage mag bisheriger Naturforschung, sofern sie sich mit höheren Lebensformen befaßt, absurd erscheinen; aber wir müssen feststellen, daß sie innerhalb nicht nur der grünen Flora, sondern auch der Fauna durchaus ihre Berechtigung hat. Ungeschlechtliche Vermehrung ist ja so unbekannt nicht, doch ihr Auffinden bei Gattungen fortgeschrittener Evolutionsstufen und insbesondere bei politischen Populationen mag überraschen. Grünen Varietäten jedenfalls ist das Fehlen eines ausgeprägten Paarungsverhaltens, wenn nicht konstitutiv, so doch nichts Seltenes, wie wir im folgenden sehen werden, so daß wir uns dieses Themas nicht weiter annehmen wollen (die durchaus interessante Frage nach dem Warum wollen wir uns für eine spätere, detailliertere Untersuchung vorbehalten).

Die/der Reala/o (it. verdure volgari) ist die heute am weitesten verbreitete und auch sonst gewöhnlichste Subspezies. Allein daraus läßt sich schon ableiten, daß sie auch die anpassungsfähigste ist. Wenn wir annehmen, daß eine hohe Anpassungsfähigkeit und Flexibilität grünen Spezies konstitutiv ist, dürfen *verdure volgari* als schlechthin die Grünen angesehen werden. Diese, über das gewöhnliche grüne Maß hinausgehende, hohe Anpassungsfähigkeit und Flexibilität bleiben auch schon ihre einzigen Gattungsmerkmale (was sie vom wissenschaftlichen Standpunkt aus nicht übermäßig interessant erscheinen läßt).

1.2 Die Frauenrechtlerin

Spätblühend, häufig parthenogen, tiefwurzelnd, hochwüchsig, konkurrenzstark; gelegentlich zoophag. Diese Unterart, so reichhaltig ihre äußeren Erscheinungsformen und so vielfältig ihre Verhaltensformen, so disparat ihre Lebensräume – denn sie ist eine der Ballungsvarietäten, die die allergrößte Dynamik in ihrer Ausbreitung auf angrenzende Räume zeigen – auch sein mögen, zeichnet sich vor allem durch eine Eigenheit aus; sie ist darin von allen anderen Unterarten außer von der Feministin (Kriterien siehe dort) zu unterscheiden: Sie setzt ihre gesamte Energie und ihr einziges Streben darauf, die Lebensbedingungen für ihre Varietät beständig zu verbessern. Sie darf darin als relativ erfolgreich angesehen werden; besonders auf grünfreundlichen Nährböden ist es ihr gelungen, bei nur halbwegs günstigem Klima üppig zu gedeihen. Sie wurzelt auch auf weniger durchlässigeren, mineralstoffärmeren Böden tiefgründig, wodurch sie kurzfristige Witterungsschwankungen unbeschadet überstehen kann. Im Wurzelbereich konnte ihr das Ausscheiden besonderer Säuren nachgewiesen werden, die anderen konkurrierenden Arten die Ansiedlung verunmöglichen. Einem einzigen Parasiten ist es gelungen, quasi symbiotisch mit ihr bzw. in ihrem Schutz und Schatten ein wenn auch trostloses Dasein zu fristen: dem sogenannten Softi. Dabei handelt es sich um ein Protozoon (dt. auch: Pantoffeltierchen), das seinen Stoffwechsel ausschließlich auf die von Frauenrechtlerinnen-Wurzeln ausgeschiedenen Säuren aufbaut, also außerhalb von Frauenrechtlerinnen-Kolonien überhaupt nicht lebensfähig ist. Dies ist eine äußerst fragile Art von Symbiose, denn sie ist nur eine Symbiose von seiten des Softis. Frauenrechtlerinnen sind in ihrem Gedeihen vom Vorkommen an Softis völlig unabhängig. Diese Subspezies darf auch ansonsten als relativ konkurrenzstark angesehen werden, denn auch oberirdisch verfügt sie über besondere Abwehrmechanismen. Das reicht von toxischen Substanzen, mit denen sie sich vor Schädlingsfraß schützt (frau denke an den gemeinen Chauvi), bis zu noch ungeklärten Ausdünstungsmechanismen, mit denen sie das sie umgebende Kleinklima in ihrem Sinne positiv prägt. Wir wissen bisher nur, daß sie offenbar Toxine veratmet, die auch die angrenzenden Lufträume für weitere Besiedlung vorbereitet.

Die Varietät ist also eine mit bewundernswerter Robustheit ausgestattete und äußerst durchsetzungsfähige Pflanze. Darauf verweisen auch Ausbreitungszonen (sie konnte in allen Gebieten stabile Kolonien etablieren) wie Konstitution der Einzelexemplare (fast alle sind stark ausgeprägt, es gibt kaum Kümmerlinge).

Die Frauenrechtlerin ist eine dominant weibliche Subspezies. Sie ist nicht gänzlich parthenogen, aber männliche Formen spielen in ihren Vergesellschaftungsformen eine absolut untergeordnete, vernachlässigbare Rolle. Gerade in grünfreundlichen Räumen ist es ihr gelungen, die Dominanz des Männchens zurückzudrängen, was sich nicht zuletzt daran ablesen läßt, daß in diesen Biotopen kaum noch Exemplare von Muster-Männchen (und zwar jeglicher Art und Gattung) zu finden sind. Gestalt, Ausprägung und Verhalten des Männchens ist in diesen Naturräumen, aber eben zum Teil auch bereits darüber hinaus, starken Veränderungen unterworfen. Wie sehr hier der Frauenrechtlerin ein radikaler Umschwung gelungen ist, beweisen von uns aufgespürte Exemplare von Männchen, die versuchen, ihre eigene Gestalt, Ausprägung und Verhalten dem nunmehr dominierenden weiblichen Phänotyp der Unterart anzugleichen, weil sie so – vermutlich vergeblich – hoffen, das Überleben ihres Geschlechts zu sichern.

Dennoch muß festgestellt werden, daß bis zur Optimierung aller Lebensräume noch sehr viel Zeit vergehen wird. Da hat die Frauenrechtlerin noch viel zu tun. Aber sie ist vital und ausdauernd, so daß wir kein Prophet sein müssen, um ihren absehbaren Erfolg vorherzusehen.

1.3 Die Feministin

Die Feministin ist eine Varietät, die nach unserer Auffassung auf jeden Fall von der oben beschriebenen Frauenrechtlerin unterschieden werden muß. Einzelne Attribute, Funktionen und Relationen in Vergesellschaftungsformen, insbesondere Konkurrenz- und Abgrenzungsdrang, mögen nur wenig von ersterer differieren, aber an bestimmten charakteristischen Zügen und Verhaltensformen läßt sich zeigen, daß die Konstruktion einer eigenen Unterart sich als berechtigt erweist. Die Feministin bevorzugt meist homose Böden; sie ist vorwiegend parthenokarp. Vor allem aber ist sie eindeutig zoophag: Sie verfügt über deutlich ausgeprägtere, statistisch gesichert umfangreichere und schärfere Beißwerkzeuge, eine stete Bereitschaft, sie auch einzusetzen, eine Testosteron-Allergie und ein ausgeprägtes, gegen Männchen jeglicher Art gerichtetes Revierabsteckverhalten. Im Unterschied zur Frauenrechtlerin kann sie sich allenfalls bis in die Übergangszonen ausbreiten und im ländlichen Raum kaum Fuß fassen. Nur äußerst vereinzelt und in ausgesprochenen Rückzugsgebieten ist sie dort anzutreffen. Anders als die Feministin kann sich der Feminist selbst im Ballungsraum kaum behaupten.

1.4 Der/die Fundi

Der Fundi gehört zu den grünen Varietäten, die definitiv vom Aussterben bedroht sind. Da half es nur wenig, daß er Mitte der neunziger Jahre auf die Rote Liste gesetzt wurde.

In der wissenschaftlichen Literatur ist es mittlerweile unumstritten, daß auch die politische Landschaft der Pflege bedarf. Allzu viel Wildwuchs ist in den letzten Jahren entstanden. Ohne gezieltes Zurückdämmen der ungezügelt sich ausbreitenden Ruderalpflanzen wird es uns nie gelingen, wertvolle und seltene Arten zu erhalten und ein ökologisches Gleichgewicht zu stabilisieren. Das Schicksal des Fundis macht deutlich, wie sehr wir einen politischen Landschaftspflegeplan brauchen. Natürlich wird es heute, in Zeiten knapper Kassen, immer schwieriger, zusätzliche Mittel locker zu machen. Überall muß eingespart werden. Aber wenn wir heute nicht handeln, dann werden unsere Kinder so seltene, in ihrem Farbenspiel so bezaubernd anzusehende Varietäten wie den Fundi nicht mehr lebend zu sehen bekommen. Die toten, verstaubten Exemplare, die wir jetzt bereits archiviert und katalogisiert haben, kann allenfalls unsere lebhafte Erinnerung wieder erwecken.

Wer nie einen Fundi im Über-, Sturz- oder Vorausflug sah, dem wird nie der Puls vor Glück und Sehnsucht schneller schlagen.

Was war das für ein schöner Schmetterling! Und welche Beweglichkeit und Vielfalt an Flugmanövern zeichnete ihn aus! Ein Fundi macht noch keinen Sommer, aber wenn sie sich in Scharen zusammenballten, bunt gemischt, frau- und herrlich durcheinanderwirbelnd, welch frohes Farbenspiel, welch visionäre Kraft, welch Sehnen und herzöffnendes Flattern ging von ihnen aus! Die wenigen verblaßten Exemplare von heute, seien sie in verstaubten Archiven oder in den letzten Resevaten, die ihnen in freier Natur vorbehalten bleiben, können uns die Aufbruchstimmung von damals nicht mehr vergegenwärtigen. Wie sehr fehlt ihnen der Nektar des Diskurses und der Honig des Konflikts.

Was wir heute noch an relevanten Fundi-Vorkommen beobachten können, abgesehen von vereinzelten, kaum flugfähigen Exemplaren, sind größere Gruppen von häßlichen Raupen, die alles kahl fressen, ohne der Welt als Schmetterlinge an Schönheit zurückzugeben, was sie ihr zuvor entrissen. (Man muß es leider sagen – auch wenn wir wissen, daß diese Entwicklungsstufe die unerläßliche Voraussetzung der wunderbaren Schmetterlingsschwärme wäre. Heute können wir eben nicht mehr mit Sicherheit wissen, ob die wunderbare Metamorphose noch stattfindet.) Selbst diese Gruppen sind nur noch vereinzelt anzutreffen, und ihr Bestand reduziert sich mit der von ihnen vernichteten Futtergrundlage von selbst. Bleibt uns nur zu hoffen, daß bereits zahlreich, wenn wir auch nicht wüßten, wo, Massen von Puppen schlummern, die nicht bis zum Jüngsten Tage warten.

1.5 Stadtfungi (Wirbeltiere)

Fungierende Grüne gibt es in zwei Unterarten, die sich nicht nach der Funktion, die sie übernehmen, sondern nach der Modalität, mit der sie funktionieren, unterscheiden. Im Ballungsraum treten sie vorzugsweise im Rudel auf, zeigen daher auch das entsprechende Verhalten, das sich ganz scharf von Fungis der Übergangsräume wie des ländlichen Raums abgrenzen läßt (siehe dort). Der/die/das Fungi besiedelt Felder, die die übrigen grünen Varietäten für gewöhnlich meiden. Er/sie/es ist stets bereit, Funktionen, die für grüne Biotope oder Vergesellschaftungsformen essentiell sind, auszufüllen, vielleicht weniger aus freier Entscheidung, weil er/sie/es diese für wichtig hält, als vielmehr, weil alle anderen Entfaltungsräume entweder bereits besetzt sind oder ihm/ihr/ihm dafür die Voraussetzungen fehlen. Das ist ja gerade das Schöne an der Evolution, weshalb sie oft mit freier Marktwirtschaft verwechselt wird, daß, wer sich nicht anpassen kann, untergeht und daß um des bloßen Überlebenwillens einer Gattung von ihr, auch wenn sie sich spontan nicht dazu berufen fühlt, Felder und Funktionen besetzt werden, die für das ökologische Gleichgewicht unerläßlich sind – einfach weil hier noch Lebensraum offen ist. So entstand der/die/das Fungi.

Das Besondere der städtischen Variante, ihr Rudel- oder, in der weniger aggressiven Abart, Herdentrieb, basiert vermutlich auf der Komplexität der vorgefundenen Strukturen. Im Ballungsraum eine Beute alleine zu erlegen ist ungleich schwerer als im Verbund zu jagen. Und umgekehrt: den überall lauernden Gefahren sind Einzelgänger ungleich schutzloser ausgeliefert. Jeder Fehler aber bedeutet Tod zunächst des Einzelexemplars – und bei mangelnder Anpassung den der Gattung (Darwin hatte doch recht: survival of the fittest). So kommt man/frau/es schnell auf den richtigen Weg. Nach außen hin so produktives Rudelverhalten kann aber, bei auch nur vorübergehendem Ausbleiben äußerer Gefahren, schnell zur Destruktion in der Gruppe führen. Wie bei anderen Rudeltieren, etwa Wolf oder Hund, herrscht ein beständiges Kläffen, Schnappen, Lefzen, einschließlich Drohgebärden und Unterwerfungsgesten, im grünen Fungi-Rudel. An ihrem Bellen sollt ihr sie erkennen. Und glaube ja keiner, bellende Fungis bissen nicht!

1.6 Stadtfungi (Myzel)

Stadtfungi wird mißverständlich homonym auch ein Pilz genannt, der sich in auswuchernden Myzelien über komplette grünnahe Bereiche erstrecken kann. Fungi-Myzelien kommen außerhalb städtischer Regionen nicht vor. Antimykotisch wirkt hier vermutlich vor allem das rein punktuelle Auftreten grüner Biotope beziehungsweise deren äußerst unzureichende, mangelhafte Vernetzung. Es kann zu keinerlei Zusammenballung kommen, also auch nicht zu einem durch gesellschaftlichen Stoffwechsel und gemeinsame Veratmung verursachten Anstieg von Umgebungstemperatur und -feuchtigkeit. Dadurch fehlt die für Pilzwachstum unerläßliche feuchte Wärme (früher in roten Biotopen als „Stallgeruch" bekannt) und die förderliche Sauerstoffarmut. In ländlichen wie Übergangszonen weht zudem häufig ein frischer, konträrer Wind („steife Brise"), die stockige Nester nicht entstehen läßt. Hier fühlt sich ein Pilz kaum heimisch.

Ist ein grünes Biotop erst einmal von einem Myzel befallen und es wird versäumt, es rechtzeitig durch Vorbeugung einzudämmen, helfen keine Fungizide. Bis zu einem gewissen Wachstumsstadium, das nach unseren Untersuchungen bei etwa zehn Prozent Funktionäre auf die Gesamtpopulation liegt, wirkt das Auftreten und Ausbreiten von Fungis äußerst förderlich für grüne Biotope; ja man kann sagen, daß gewisse Vergesellschaftungsformen ohne Fungis überhaupt nicht existieren könnten. Diese Lebensgemeinschaften aus Wurzeln von Blütenpflanzen (man denke nur an die Hochblüte der Betroffenheitslyrik – siehe weiter unten – im Ballungsraum) und Pilzen nennen wir Mykorrhiza. Die zunächst so günstige Wirkung der Fungis verleitet zu Arglosigkeit, ja zu ausgesprochenem Wohlwollen ihnen gegenüber. In diesem Stadium ist der Wurzelraum eines grünen Biotops noch vorwiegend basisch geprägt. Haben Fungis aber die angesprochene Wachstumsschwelle erst einmal überschritten – und in seinem Wachstumswillen ist das Myzel hemmungslos –, kommt es zu schweren Pilzvergiftungen. Diese Mykosen lähmen schließlich jegliches Stoffwechsel innerhalb der Vergesellschaftungsformen und führen folgerichtig zum Absterben ganzer grüner Biotope. Endlich stirbt auch der Pilz, denn außerhalb solcher Vergesellschaftungen sind Fungis nicht lebensfähig.

1.7 Das Sozialarbeitersyndrom

Das Sozialarbeitersyndrom ist eine Blütenpflanze, die ausschließlich als Kulturbegleiter gedeihen kann. Sie ist eng verwandt mit der Betroffenheitslyrik, aber weniger empfindsam und empfindlich als diese. Gemeinsam ist beiden Blümchen das Bedürfnis, inmitten von Vergesellschaftungen zu stehen. Aber während die Betroffenheitslyrik den Schutz und die Nestwärme sucht, ohne die sie in dieser grausamen Welt nicht vegetieren mag, streckt das Sozialarbeitersyndrom, einmal mittendrin, sofort seine Fühler aus und versucht, mit seinen Ranken alles zu überwuchern. Es bietet einen Schutz, den niemand will und kaum eine andere Pflanze verträgt. Weil das Syndrom seine Ranken überall hat, fühlt es sich natürlich immer und überall betroffen. Diese Betroffenheit wandelt es sofort in Aktivität um, also in einen gesteigerten Rankenwuchs, der der Pflanzengesellschaft als ganzer noch mehr Schutz bieten soll. Am Ende erleidet ein solches Biotop durch die beständig sich verringernde Zufuhr von Sauerstoff einen Kollaps. Sozialarbeitersyndrom-Gesellschaften bieten ein schönes Beispiel für die Labilität grüner Biotope.

2 Grüne Populationen des ländlichen Raums

2.1 Das Urgewächs

Urgewächse gibt es weibliche und männliche gleichermaßen.

Das Urgewächs ist die einzige grüne Subspezies, die gänzlich und auf Dauer außerhalb grüner Biotope lebensfähig ist. Das Urgewächs kann sich allein im ländlichen Raum entwickeln. Es ist bereits verschiedentlich gelungen, wenn auch in der Mehrzahl der nachgewiesenen Fälle nur vorübergehend, das Urgewächs in die beiden anderen Räume zu verpflanzen. Dies glückt, wie man aus leidvoller Erfahrung weiß, nur in einer eng umgrenzten Entwicklungsstufe, wenn es zwar groß genug ist, eine solche Umpflanzung halbwegs unbeschadet zu überstehen, aber noch nicht zu tief verwurzelt in dem Boden, in den es eigentlich gehört. In dieser Hinsicht ist das Urgewächs der empfindlichste unter allen Großbäumen. Beläßt man es aber in seiner angestammten Heimaterde, ist es äußerst robust, weil seit Jahrhunderten an extrem rauhe Umgebung und widrige Verhältnisse gewöhnt.

Das Urgewächs steht singulär, will also keines seiner Art neben sich dulden. Es ist jedoch beileibe keine Einzelpflanze. Es neigt zwar zu weitausladender Kronenbildung, duldet und braucht aber in all seinen Entwicklungsstufen die Einbindung in einheimische

Pflanzengesellschaften sowie den Austausch mit verschiedensten Lebewesen. So geschieht beispielsweise Fortpflanzung beziehungsweise Neuansiedlung von Urgewächsen durch Zoochorie, also die Verbreitung von Samen und Früchten durch Tiere.

Das Urgewächs hat sich bestens an seine jeweilige Umgebung angepaßt, und es wird dort keinesfalls als fremd empfunden. Das erreicht es ohne jede Mimikry, sondern schlicht durch sein So-Sein. Hier zahlen sich Jahrhunderte Evolution eben aus.

Paradoxerweise oder gerade deshalb ist das Urgewächs die grüne Varietät mit der geringsten Anpassungsbereitschaft und -fähigkeit. So gut sich die Gattung angepaßt, so wenig will das dem Einzelexemplar gelingen. Es kann und wird sein So-Sein nie ändern, wohl auch weil es das nicht muß, weil es sich so, wie es ist, als äußerst lebensfähig erfährt.

Seine anderen Arten und Gattungen gegenüber so gesellige Natur begründet nicht nur die im grünen Bereich einzigartige Fähigkeit, außerhalb grüner Biotope zu leben, sondern sie zeitigt auch für grüne Varietäten sehr vorteilhafte Folgen: Sehr häufig wird das Urgewächs zur Keimzelle neu entstehender grüner Biotope, auch und gerade unter zunächst für grüne Varietäten extrem ungünstigen klimatischen und geologischen Bedingungen. In seinem Schutz und Schatten siedeln sich nach und nach all die Varietäten an, die außerhalb der Ballungsräume überhaupt leben können. Selbst das Fundi findet unter seinen Fittichen gelegentlich ein Auskommen. Schwierige, aber dennoch erstaunlicherweise nicht unlösbare Konstellationen bringt das Aufeinandertreffen eines ausgeprägt männlichen Urgewächses mit einer Frauenrechtler-Pflanze. Nach einer gewissen Anpassungszeit scheint das Urgewächs selbst gegen deren saure Wurzelausscheidungen resistent; die Frauenrechtlerin dagegen blüht in diesem Umfeld geradezu auf. So wäre das Urgewächs als die schützenswerteste aller grünen Varietäten zugleich die, die des Schutzes am wenigsten bedarf. Gänzlich ungeklärt aber ist bis heute leider, wann und wieso es zu einer Neuansiedlung von Urgewächsen kommt. Wir wissen nur, daß sie relativ selten geschieht. Zoochorie leidet offenbar sehr stark unter dem Zufallsprinzip und muß bei Urgewächsen als wenig effektive Methode der Fortpflanzung betrachtet werden.

2.2 Die/der Volkstümler/in

Volkstümler haben wir bisher hauptsächlich unter den roten Gattungen gefunden (unter den schwarzen sind sie äußerst schwer nachzuweisen, da deren Gattungsmerkmal von einem deutlich volkstümlerischen Einschlag geprägt ist). Volkstümler versuchen das, was dem Urgewächs gänzlich ohne zusätzliche Aufwendungen, ja selbst ohne Bewußtsein gelingt, durch den Einsatz sogenannter tertiärer Geschlechtsmerkmale zu erreichen. Sie benutzen Attribute der vor Ort entstandenen Arten, um sich anzugleichen. Diese bleiben ihnen allerdings vollkommen äußerlich (deshalb tertiär). Dadurch mißlingt in der Regel diese Mimikry binnen kürzester Zeit, und sie werden gerade dadurch von den eingeborenen Arten als Fremdkörper empfunden. Doch trotz aller allergischer Abstoßungsreaktionen können sich die Volkstümler in ihren Reduktionsgebieten behaupten, von wo aus sie stets erneuerte Versuche zur Ausbreitung unternehmen. Warum sie immer noch nicht ausgestorben

sind, bleibt ein großes wissenschaftliches Geheimnis: derart unintelligente Arten, denen *trial and error* so gar nichts sagt, duldet die Natur für gewöhnlich nicht lange. Aber vielleicht müssen wir auch hier lernen, in größeren – sozusagen unmenschlicheren – Zeitdimensionen zu rechnen.

2.3 Der (seltener: die) Landfungi (Wirbeltiere)

Fungis der Übergangszonen wie des ländlichen Raumes weisen ein vom Stadtfungi vollkommen verschiedenes Gruppenverhalten auf: Sie haben keines. Sie sind ausgesprochene Einzelgänger (lonely wolf). Allenfalls in den Übergangszonen läßt sich die Spur eines wenig ausgeprägten Paarungsverhalten nachweisen; und dies auch nur vorübergehend und punktuell. Dominierendes Geschlecht ist meist das männliche. Männlich geprägt ist schließlich immer noch seine Umgebung. Aber da, wo die Frauenrechtlerin sich auszubreiten beginnt, und gelegentlich auch im Gefolge von Reali-Familien, finden weibliche Landfungis immer mehr Lebensraum. Solche Vergesellschaftungen mit anderen grünen Varietäten sind aber stets nur vorübergehender Natur (sogenannte Zweckbündnisse), denn auch die weibliche Landfungi ist von ihrem Charakter her eher ein Einzeltier. Seit jeher gewohnt, weite Ebenen oder ausgedehnte Berg- und Hügelketten zu durchstreifen, ohne auf Nahrungskonkurrenten zu stoßen, ist das Revierverhalten ausgeprägt, aber eher defensiv. Ein Landfungi weiß, was er/sie will, was er/sie wert ist, und ist stets bereit, sich selbst zu helfen. Allein in feindlicher Umgebung sich bewähren zu müssen, das macht eben nicht sonderlich kooperativ. Offen und ehrlich aggressiv, wenn es sein muß, gehen Landfungis ihren Weg. Rudelhafte Intrigen, Gekläffe und Gezerre sind ihnen ein Greuel. Deshalb haben sie es mit ihrem auffällig abweichenden Verhalten immer schwer in grünen Biotopen, aber da, wo sie sich in ihnen halten können, profitiert die gesamte Biosphäre von ihnen, auch wenn das niemand glauben will – zuletzt der/die Landfungi selbst.

3 Varietäten der Übergangszonen

Wir mußten feststellen, daß es keine eindeutigen Kriterien gibt, mit denen wir die Übergangszonen von den beiden Haupttypen Ballungsraum und Land abgrenzen könnten, daß wir sie also nur „typisieren" können. Auf den unscharfen Charakter dieser Zonen verweist auch die Tatsache, daß wir ihnen keine der grünen Varietäten als ursprünglich dort entstanden zuordnen können.

Heutzutage gibt es immerhin eine einzige Varietät, die inzwischen nur noch dort, in diesen Übergangszonen, gedeihen kann, weil ihr überall sonst das Klima zu rauh ist. Dies ist die Betroffenheitslyrik, und diese kann, vorbehaltlich weiterer Entwicklungen, nunmehr als die Zeigerpflanze der Übergangsräume gelten: Überall, wo wir heute noch Betroffenheitslyrik vorfinden, haben wir es nicht mit den Reinformen Stadt oder Land zu tun. Wo Betroffenheitslyrik blüht, ist Übergangszone (aber nicht umgekehrt).

3.1 Betroffenheitslyrik

Betroffenheitslyrik blüht heute vor allem auf Magerrasenstandorten im Umkreis der Ballungsräume. Während sie in den achtziger und bis in die neunziger Jahre hinein auf grundwasserfernen Standorten der Ballungsräume ihre Hochblüte erlebte, konnte sie im härteren und wechselhafteren Klima des ländlichen Raumes noch nie richtig Fuß fassen. Aus dem ursprünglichen städtischen Siedlungsgebiet durch plötzlich einsetzende, drastische Klimaschwankungen vertrieben, wuchert sie heute auch gerne in Schotterebenen oder sonstigen Geröllablagerungen. Schotterverwitterung im grundwasserfernen Bereich führt zur Bildung von Braunerde: und dort dürfte sie in den unmittelbaren Nachkriegsjahren auch den Nährboden gefunden haben, von dem sie sich ausbreiten konnte und wohin sie heute vielleicht wieder zurückkehrt.

Betroffenheitslyrik ist mit dem Sozialarbeitersyndrom eng verschwistert, und wie bei Geschwistern üblich kommen sie nicht gut miteinander aus. Es kann eben immer nur eine im Mittelpunkt stehen, und den Mittelpunkt als Ausgangspunkt brauchen sie beide, um zur Entfaltung zu gelangen. Während das Sozialarbeitersyndrom aber, wie gesagt, seine Fühler ausstreckt, zieht die

Betroffenheitslyrik diese sofort ein, wenn der Pflanzengesellschaft von außen Gefahr droht. Und diese droht praktisch immer. Mit zunehmender Entwicklung des Betroffenheitssyndroms breitet sich über die gesamte Artengesellschaft eine von der Passivität und Innerlichkeit des Kerns ausgehende lähmende Ausgasung, die jegliche weitere Stoffwechselaktivitäten im gesamten Biotop zum Erliegen bringt. Schließlich ist die Betroffenheitslyrik mit ihrer Passivität dieselbe alles beherrschende, alles abtötende Dominante wie ihre ungleich aktivere Schwester.

Zusammenfassung und Ausblick

Wie wir bei unserer Bestandsaufnahme grüner Varietäten feststellen durften, verfügen diese über ein außergewöhnliches Maß an Anpassungs- und Wandlungsfähigkeit, wobei sie ihrem eigentlichen Gattungskern stets treu bleiben. Bei dem raschen Tempo, in dem sich heutzutage auch politische Naturräume ändern und entwickeln, kann deshalb nicht gänzlich ausgeschlossen werden, daß noch weitere neben den von uns beschriebenen Subspezies heute schon nachweisbar sind oder sich in allernächster Zeit finden lassen. Aber ein Anfang ist mit dieser Untersuchung, wie wir hoffen, gemacht. Was nun dringend folgen sollte, und für weitergehende Aufgaben stehen wir jederzeit bereit, wäre eine Ausarbeitung und Auflistung der Maßnahmen, die ergriffen werden müssen, um durch aktive Pflege das Gedeihen dieser unter erschwerten Bedingungen entstandenen grünen Biotope zu fördern. Desiderat: Landschaftspflegeplan. Denn wenn wir auch die Vitaltät gerade einzelner Varietäten hinreichend nachgewiesen zu haben glauben, bedürfen insbesondere einzelne vom Aussterben bedrohte Subspezies gezielter Fördermaßnahmen, wenn wir uns auch in Zukunft an der Vielfalt grüner Arten erfreuen dürfen sollen.

Jutta Ditfurth: Bewerbung als Vorständin

Sehr geehrte Damen und Herren,

ich war bereits in verschiedenen Vereinen und sonstigen Ver-
einigungen in leitender Position tätig. Vorstandsarbeit ist für
mich ein Klacks. Ich habe gelesen, daß ihr Verein händeringend
eine Vorständin sucht. Auch ich mußte in letzter Zeit immer
deutlicher spüren, daß ehrenamtliches Engagement jeglicher Art
kaum noch etwas gilt. Frau steht da schnell allein. Vielleicht
könnten ja wir zueinander finden.

Falls sie Falschmeldungen der bürgerlichen Presse aufgeses-
sen sein sollten: Ich habe nie gesagt, die Grünen seien langweilig
wie ein Kaninchenzüchterverein und geierten nur noch nach Regierungssesseln. Erstens ist das schon ganz lange her, und zweitens sagte das eine Kollegin von mir. Ich habe mich immer nur
über die Grünen und deren Kleinkariertheit beklagt. Eine Dis-
kriminierung anderer lag mir stets fern. Drittens haben die Grünen ausgerechnet in dem Jahr nach Regierungssesseln gegeiert,
als sie ganz aus dem Bundestag fielen. (Jetzt geiern sie wieder.)
Das war eine schöne Lektion der Ironie der Geschichte. Frau
könnte auch sagen: List der Vernunft. Aber ich will sie nicht mit

alten Geschichten langweilen. Danach haben sich unsere Wege getrennt, also meine und die der Grünen. Und es ist noch lange nicht heraus, welcher aufwärts führt.

Deshalb bewerbe ich mich in aller Form um den Vorstandsposten ihres Vereins „Harmonie 1889. Langohr und Kurzohr". Eine einfache Mitgliedschaft wäre mir auch recht.

Mit freundlichen Grüßen
gez. Jutta Ditfurth

Pressespiegel

Süddeutsche Zeitung:
CSU-Generalsekretär: Die Grünen haben keinen Humor

Das bayerische „Superwahljahr" 1998 steht unter dem Zeichen dramatischer und immer schärfer werdender Auseinandersetzungen der politischen Parteien. Ein hoher und kaum abbaubar scheinender Sockel an Dauerarbeitslosigkeit, eine stagnierende Wirtschaftsentwicklung, die exorbitant hohe Staatsverschuldung, globale Umweltzerstörung und das schwierige Problem der Soziallasten bieten wahrlich Reibungspunkte genug.

Die bayerische CSU, immer bemüht, ihre Eigenständigkeit und Unabhängigkeit von bundespolitischen Problemen darzustellen, hat es nun darauf angelegt, eine neue „Front" zu eröffnen.

Der CSU-Generalsekretär protzte heute in Bonn mit der guten Laune seines Parteivorsitzenden. Der bayerische Ministerpräsident sei nur selten ohne überlegenes Lächeln anzutreffen und selbst der Bundeskanzler (der ja bekanntlich der CDU angehört) sei nachweislich stets gut aufgelegt. Das berühmte saure Grinsen des Finanzministers noch deute darauf hin, daß Humor die allerchristlichste Tugend sei: „Erfolg macht gute Laune!"

Deshalb sei die sauertöpfische Miene der Sozialdemokraten sprichwörtlich geworden, und daß die Grünen keinen Humor hätten, sei allseits bekannt.

Eine inhaltliche Stellungnahme anderer Parteien war bis Redaktionsschluß leider nicht zu erreichen. Bei den Sozialdemokraten fühlte sich niemand betroffen.

„Über so unqualifizierte Äußerungen des anerkannt inkompetenten CSU-Generalsekretärs können wir nicht einmal lachen", verlautete aus der roten Parteizentrale. Allenfalls sei das ein bundespolitisches Problem; die Sozialdemokraten im Freistaat seien für das fröhliche, unbeschwerte Naturell des bayerischen Volksstammes bekannt.

Aus gewöhlich gut unterrichteten grünen Kreisen dagegen hieß es, die Parteiführung überlege noch, ob man Humor habe. Überdies sei der vermutlich zuständige wissenschaftliche Mitarbeiter möglicherweise gerade in Urlaub.

Presseerklärung des grünen Bundesvorstandes

Die Art, in der die Presse diese Verleumdung aufgreift und verbreitet, betrachten wir als symptomatisch. Wir wären selbstverständlich und jeder Zeit bereit gewesen, eine Stellungnahme abzugeben. Wir wissen genau, ob wir Humor haben.

Die Behauptung, „die Grünen hätten keinen Humor", weisen wir hiermit aufs Entschiedenste zurück.

Erstens ist der korrekte Name unserer Partei „Bündnis 90/Die Grünen". Zweitens wird sich die parteinahe Heinrich-Böll-Stiftung im nächsten Jahr in einer Konferenz zum Thema „Neue Ressourcen für alte Probleme" auch am Rande mit den menschlichen Faktoren Phantasie und Spontaneität beschäftigen und dabei auch die virtuelle Wertschöpfung des sprudelnden Quells Humor streifen. Drittens ist alles, was diese Regierung noch zu bieten hat, nur noch mit dem Wort „Realsatire" zu beschreiben. Was sollen wir Witze reißen, wenn diese Regierung ein einziger Witz ist.

grün & bündig:
Zeitung von Bündnis 90/Die Grünen
Herausgeberin: Bundestagsfraktion
Debatte: Haben Grüne keinen Humor?

Wir wollten es genau wissen. Wir fragten bei prominenten Grünen nach: „Haben Sie Humor?"
Hier das Ergebnis unserer Umfrage:

☞ Antje Vollmer, Vize-Präsidentin des Deutschen Bundestages: „Soweit es meine Pflichten als Vize-Präsidentin des Deutschen Bundestages zulassen. – Wissen Sie, wir haben noch gelernt: Alles zu seiner Zeit."
☞ Cem Özdemir, MdB: „Wenn man auf Fragen antworten muß wie ‚Sagen Sie mal, Sie sind doch beschnitten, was wollen Sie überhaupt im Bundestag?', soll man da Humor haben oder nicht?"

☞ Jürgen Trittin, Sprecher des Bundesvorstandes von Bündnis 90/Die Grünen: „Wollen Sie mir den jetzt auch noch nehmen?"

☞ Gerd Poppe, MdB: „Ich glaube ja."

☞ Schorsch Welsch, Ex-Kommunalreferent, München: „Warum fragt Ihr immer mich so was? Müßt Ihr immer auf mich losgehen?"

☞ Christa Vennegerts, Detmold: „Ich bin jetzt Regierungspräsidentin."

☞ Claudia Roth, MdE: „Da muß ich nicht lange überlegen ... Ich habe ihn vielleicht wegen meiner schwäbischen Herkunft nicht verloren. Oder habe ich ihn trotz meiner schwäbischen Herkunft nicht verloren? Oder hat meine Herkunft überhaupt nichts damit zu tun? – Jedenfalls habe ich ihn immer noch. Oder?"

☞ Heidi Rühle, Politische Geschäftsführerin: „Wozu?"

☞ Ludger Volmer: „Ich habe politisches Bewußtsein. – Im übrigen schreibt mann ‚Vollmer' nur mit einem ‚l'."

☞ Krista Sager, Hamburg: „Ich weiß nicht, ob das jetzt 'ne Unverschämtheit ist!?"

Bunte exklusiv:
Joschka Fischer: Die Frauen an meiner Seite
Wie sie heißen, was sie ihm bedeuten, was sie ihm sein könnten

Wir haben sie aufgespürt, die Frauen an seiner Seite. Joschka Fischer. Der Mann, der wie kein anderer diese Republik prägt. Der Mann, neben dem des Finanzministers buschige Augenbrauen blaß aussehen und neben dem selbst der Kanzler politisch als Leichtgewicht erscheint. Und was noch mehr bedeutet, in Hinblick auf Entschlossenheit und Durchsetzungskraft: Fischer hat das geschafft, was dem Kanzler bei all seinen Semmeldiäten an Österreichs Seen nie gelingen wird: Er hat abgenommen. Er ist fit für die Machtübernahme.

Doch auch dieser große Mann hat, wie viele große Männer vor und sicherlich auch nach ihm, Frauen an seiner Seite, die ihn erst groß aussehen lassen. Da ist Kerstin Müller, Fischers Fraktionssprecherin. Die beiden sind ein Herz und eine Seele: Sie wirken fast unzertrennlich, stand neulich zu lesen. Und das, obwohl Kerstin Müller raucht. Wo doch Joschka jetzt so gesund lebt. Wir glauben, sie könnte ihm noch mehr geben und für ihn mit dem Rauchen aufhören.

Dann gibt es noch Gunda Röstel, seine Parteisprecherin. Sie macht das schon ganz gut. Was haben wir uns für ihn gefreut, neulich, bei der Debatte um die fünf Mark für den Liter Benzin! Das nennen wir eine gekonnte Regie. Sie hat, was bei Frauen sonst selten ist, so etwas wie Fußballverständnis: Sie gibt die Vorlagen, die er resolut ins Tor schießen kann. Das kommt einem Kikker wie ihm wirklich entgegen. Aber sie sollte nicht übertreiben und ihm nicht zu viel vorlegen! Er ist ja auch schon fünfzig. Und wenn sie noch etwas für ihn tun will, woran wir nicht zweifeln: Sie könnte sich auch mal das mit der Abseitsregel erklären lassen.

Aller schönen Frauen sind drei. Last but not least: seine Heidi, unser aller Heidi Rühle. Sie führt ihm die Geschäfte der Partei. Eine muß ja schließlich die ganze Arbeit machen. Es können nicht ja alle nur sprechen. Sie ist wirklich toll. Aber selbst sie könnte ihm, glauben wir, noch mehr bedeuten: Sie sollte das Sprechen wirklich nur ihm überlassen.

Sicher, es gibt auch noch Männer in der grünen Partei. Aber die bedeuten ihm nicht so viel. Kein Wunder, wenn Joschka solche Frauen hat.

Sepp Daxenberger

GRÜNER Bürgermeister in Waging a. See

Sepp Daxenberger. Was für ein Name! Da kracht und knarzt die Lederhose. Da schnalzt die Goaßl. Er läßt im Frühjahr nach uraltem Brauch die Peitsche schnalzen, um den Winter zu vertreiben. Das ist pfundig. Und er ist bei den Schützen. Oder war es bloß die Feuerwehr? Auf jeden Fall was Uriges. Wo's einem so richtig gruselt bei der Vorstellung, auch da rein zu müssen.

Aus Waging am See ist er. Waging: so ein Name gehört zu Bayern wie der See zu Waging. Und Bauer ist er. Und Schmied ist er, das Trumm Mannsbild. Da fehlt sich nichts. Und dann redt'er auch noch. Wann er will.

Basisdemokratie

Grüne reagieren sehr empfindlich, wenn sie das Gefühl haben, sie sollen „von oben" zu etwas gebracht oder gegängelt werden, von dem sie noch gar nicht wissen, ob sie das überhaupt wollen. Am empfindlichsten reagieren sie, wenn es sich bei „denen da oben" um die eigene Parteispitze handelt. Sie sind irgendwie der Meinung, Demokratie sollte von unten nach oben regieren, in etwa so, als müßten die Füße darüber bestimmen, was der Kopf denken und tun solle.

Geschichtlich ist diese besondere Empfindlichkeit letztlich wohl auf die vergangene Jahrhunderte beherrschende und den Deutschen schließlich in Fleisch und Blut übergegangene Kleinstaaterei mit ihren regionalen Potentaten und kleinen Sonnenkönigen zurückzuführen. Diese Potentaten waren europa- oder nur deutschlandweit gesehen völlig machtlos: Keiner hatte etwas zu sagen, aber dabei wollte er sich wenigstens zu Hause von niemandem dreinreden lassen. So ähnlich ist es bei den Grünen heute. Auch bei ihnen gibt es überall kleine selbstzufriedene Provinzfürstinnen und -fürsten, die – innerhalb ritueller Grenzen selbstredend – ihr Umfeld dominieren. Für sie ist die Entwicklung bereits am Höhepunkt angelangt. Sie leben nach dem Motto: Die Grünen insgesamt sind zwar relativ erfolglos, unbedeutend oder gar schlecht, aber ich bin eine Ausnahme. Ihr Platzhirschsyndrom besitzt eine enorme Dynamik und Ausstrahlungskraft, die weit über ihre angestammte Region hinausreicht. Warum sollten sie andere Sonnen neben oder gar größere über sich haben wollen?

Bündnis 90

Nach der Deutschen Wiedervereinigung (das häßliche
Wort „Anschluß" wollen wir vermeiden, auch wenn es
kaum häßlicher ist als die Vorgänge, die es beschreibt)
gelang es den anderen Parteien mühelos, sämtliche ei-
genständigen Regungen in Neufünfland in die bewährten Strukturen zu integrieren. Der wirtschaftliche und
monetäre Integrationsprozeß, der ja ebenfalls reibungs-
los vonstatten ging, war ihnen dabei Vorbild (tabula
rasa). Nur die Grünen machten wieder einmal eine Ausnahme. Das lag sicher auch daran, daß es bei den Grünen immer noch keine bewährten Strukturen gab, in die
integriert hätte werden können. Zum anderen aber hatte
sich die westdeutsche Nachkriegsgeneration, aus der die
Grünen sich vorwiegend zusammensetzten, in der be-
schaulichen Überschaubarkeit der kleinen Republik am
Rande der Weltgeschichte wohlig eingerichtet. Mit den
„Brüdern und Schwestern im Osten" hatte man ohnehin
noch nie viel am Hut, so daß die Anerkennung einer gewissen Autonomie die eleganteste Art schien, sich diese
vom Leibe zu halten. Schließlich wäre alles anders

gelaufen, hätte der allzu einfache bisherige Name der Partei, der schon Programm gewesen war und allen in der alten Republik und darüber hinaus vertraut war, nicht durch seine Erfolgsstory Mißtrauen in den Parteigliederungen geradezu heraufbeschwören müssen. Warum einfach, wenn's auch kompliziert geht? So kam es zu der so herrlich wenig eingängigen und werbeunwirksamen Wortschöpfung „Bündnis 90/Die Grünen", die man auch dann selbstverständlich noch beibehielt, als das „Bündnis 90" längst in seine paar Einzelteile zerfallen und die Handvoll Mitglieder in alle Richtungen auseinandergestoben waren. Denn der Unwerbeeffekt hatte sich ja bewährt, und die Marktverhältnisse hatten sich keineswegs verändert.

Bitte melde dich!

Liebe Vera Lengsfeld,

bitte melde Dich! Wir haben in der Zeitung gelesen, daß Du politisch immer noch aktiv bist. Es ist wahr, daß wir uns lange nicht mehr gesehen haben, aber das hat uns vielleicht nur gut getan.

Liebe Vera, Wahlen sind immer die Chance für einen Neuanfang. Du kannst doch bei diesen Leuten nicht glücklich sein?! Komm zu uns zurück!

Bitte verzeih uns! Wir verzeihen Dir alles, was Du möglicherweise getan hast, und vor allem verzeihen wir Dir alles, was Du nicht getan hast, so wie wir auch hoffen, daß Du uns verzeihen kannst (auch wenn wir nicht wissen, was). Am besten reden wir nicht mehr drüber. Wir bestehen auch nicht darauf, daß Du das zeitgleich mit Dir entlaufene Bundestagsmandat wieder zurückbringst. Es muß nicht dasselbe alte, es darf auch ein neues sein. Hauptsache, Du kommst zu uns zurück! (Oder sollen wir vielleicht alle zu Dir kommen?)

Wir vermissen Dich (und Dein Mandat)!

Deine alte und hoffentlich neue Bundestagsfraktion

Die Rotation

Das finstere Mittelalter – was hat es nicht alles an Grausamkeiten hervorgebracht: die eiserne Jungfrau, den Pranger, das Vierteilen und Rädern und was dergleichen Einfälle mehr sind. Nur die Rotation zu erfinden blieb den Grünen vorbehalten.

Zugegeben: Die allergrausamste Form wurde schon nach kürzester Zeit wieder abgeschafft und durch eine etwas weniger schmerzhafte Form ersetzt.

Und zugegeben: Sie wurde äußerst selten eingesetzt – wenn auch vielleicht nicht unbedingt ausschließlich in allerschwersten Fällen.

Und zugegeben: Man/Frau hat schon lange nichts mehr von ihrer Anwendung im grünen Lager gehört. Viele der jüngeren Generation werden vielleicht gar nicht mehr wissen, was sich hinter diesem Schreckenswort verbirgt. Aber die Rotation hat doch die ersten einhalb grünen Jahrzehnte düster überschattet. Nur den Allergewieftesten ist es gelungen, der Rotation auch gedanklich auszuweichen. Die bloße Drohung mit ihr hat sogar viele von ihr Bedrohte ins Feindeslager getrieben.

Das muß man/frau einfach mal sagen: Sie mußten beim Feind Asyl suchen! und haben dafür höchstens Hohn und Spott geerntet. So undankbar war das Politikgeschäft in den grünen Anfangsjahren. Das wissen die jungen Leute von heute gar nicht mehr. Das wollte ich bloß in Erinnerung rufen.

Die Wahren Grünen

Kurz nach der Erfindung der Grünen wurden auch die Wahren Grünen entdeckt. Wie so oft auf Gebieten, auf denen es über Jahrzehnte eine Stagnation gegeben hatte, wurden mit einem Male auch hier, als die Zeit plötzlich reif war, unabhängig voneinander mehrere bahnbrechende Entdeckungen gleichzeitig gemacht. Schnell stellte sich für einen Großteil der unabhängigen Beobachter heraus, daß die Wahren Grünen in Wirklichkeit die wahren Grünen sind; daß die Grünen als solche also den Wahren Grünen als deren Fälschung nur rein zeitlich um weniges vorausgingen. Im Unterschied zu den Grünen, die ja recht eigentlich nur noch die falschen Grünen genannt werden sollten, sind die Wahren Grünen überall anzutreffen. Ihr Verbreitungsgebiet erstreckt sich auf alle Teile der Bundesrepublik; selbst in den hintersten Ecken und Winkeln, in denen man noch nie einen leibhaftigen (falschen) Grünen hat auftreten sehen, ist ihre Populationsstärke recht beachtlich. Die Auffassung, daß die Wahren Grünen vor allem in den sogenannten „grünen Berufen" aufzuspüren seien, also in Landwirtschaft,

Gärtnerei, Polizei und Förstertum, ist nicht gänzlich falsch, aber doch irreführend. Denn bei Lichte besehen haben die Wahren Grünen nur sehr wenig mit der Ausschließlichkeit der Farbe Grün am Hut: Man muß sagen, daß sie sie eher sogar scheuen. In Wahrheit sind die Wahren Grünen schwarz. Das ist auch nur allzu natürlich. Denn die politische Farbenlehre, um deren Entwicklung sich besonders die Forschungs- und Lehranstalten im Süden der Republik verdient gemacht haben, weist nach, daß in der Farbe Schwarz alle anderen Farben enthalten sind. Und Schwarz ist ein eifersüchtiger Herrscher und spricht: „Laßt keine fremden Farben neben mir sein!" Die Farbe Schwarz ist unteilbar. Und das ist auch gut so. Denn bei immer wieder versuchten und stets nur unsauber gelungenen Aufspaltungen kommt es häufig zu häßlichen Brauntönen. Diese Braunen könnte man vielleicht als „Halbwahre Grüne" bezeichnen. Sie haben aber mit den Wahren Grünen, die man auch die echten Schwarzen nennen könnte, nicht mehr gemein als den Ursprung. Hier ist auf Differenzierungen zu achten.

Gleichberechtigung

Mann könnte manchmal meinen, bei den Grünen gäbe es schon Gleichberechtigung. An allen wichtigen Stellen der Partei bis runter in die kommunale Ebene, auf Wahlvorschlägen, in Parteiämtern und unter den MitarbeiterInnen sind immer mindestens so viele Frauen wie Männer vertreten. Es gibt jede Menge Parteigliederungen, bundes- und landesweit, die sich ausschließlich damit befassen, die Benachteiligung von Frauen in Gesellschaft, Politik und Partei zu korrigieren. Natürlich treten immer wieder einzelne Männer auf, die kraft Persönlichkeit und weil sie es von Knabenbeinen an gut gelernt haben, dominieren, aber alles in allem scheint einem die grüne Partei ziemlich emanzipiert.

Eine kluge Frau hat einmal gesagt, die Gleichberechtigung sei dann verwirklicht, wenn auf dem Platz, auf dem heute ein dummer Mann säße, mit der gleichen Selbstverständlichkeit eine dumme Frau sitzen könne. Deshalb sind viele Frauen immer noch nicht zufrieden. Wenn neue Posten zu vergeben sind, wird erst einmal die Hälfte an Frauen vergeben und danach der Rest sozusagen geschlechtsneutral, das heißt, dafür können sich Männer und Frauen gleichermaßen bewerben. Aber diese Frauen wollen noch mehr. Nur Frauen dürfen auf Parteitagen über Frauenthemen abstimmen, und was Frauenthemen sind, auch darüber befinden alleine Frauen. Nur Frauen sollen über Gelder für Frauenprojekte entscheiden dürfen – und was Frauenprojekte sind, auch das sollen einzig Frauen bestimmen. Und wenn nur ein einziger Posten zu vergeben ist, dann soll dieser von einer Frau besetzt werden.

Diese Frauen sind offenbar erst dann zufrieden, wenn auf dem Platz eines klugen Mannes mit der gleichen Selbstverständlichkeit eine dumme Frau sitzen kann.

Der Parteitag

(ital. il partito di calcio)

„Guten Abend allerseits, heute melden wir uns live von der mit Spannung erwarteten Begegnung der grünen Basis mit dem Landesvorstand, kurz LaVo genannt – dem Landesparteitag also.

Wie es so schön heißt: Der Pokal hat seine eigenen Gesetze. Die eigensten Gesetze aber hat ein grüner Landesparteitag. Er ist immer für Überraschungen gut. Sie können sich mit uns auf einen vergnüglichen Abend freuen!

Aber nun sehe ich schon die ersten Bilder. Die Frau- und Mannschaften kommen auf den Platz, äh, in den Saal, wir gehen mit unserer Kamera ebenfalls direkt runter in den Saal ... Na gut, es war vielleicht etwas voreilig. Die Begegnung ist zwar für 20 Uhr angesetzt, ich sehe auch bereits die ersten Team-Mitglieder beider Frau- und Mannschaften, aber dabei bleibt es offenbar zunächst auch. Leider verlassen manche von diesen schon wieder den Versammlungsort. Offenbar gibt es im Foyer noch Wichtigeres zu besprechen.

Nun könnten wir gut etwas Werbung einschieben –

ich höre gerade aus der Regie, Werbeblöcke lägen keine vor, auch recht, Sie dürfen sich also auf eine werbungsfreie Übertragung freuen. Wo gibt es das heute noch. Selbst im öffentlich-rechtlichen Fernsehen – ja ist recht, entschuldigen Sie bitte die Abschweifung – ich wollte sagen, werbungsfreie Räume gibt es offensichtlich nur noch bei den Grünen – dies aber nun ganz wertfrei festgestellt. Machen wir das Beste daraus.

Rezzos Schlauch:
das Haus ökologischer Weine

Ausgewählte Herkünfte in Originalabfüllung:

* spanischer tinto in Schläuchen
* italienischer bianco in Amphoren
* deutsche Rote wie Schwarze selbstverständlich als Flaschen
* unsere besondere Spezialität: Badener und Württemberger faßweise
* und natürlich führen wir auch GRÜNE Denominationen (vino verde)
* Nehmen Sie teil an unseren exklusiven Weinproben! Zu erlesenen Weinen Stuttgarter Lagen reichen wir ausschließlich einheimische Backwaren. Rezzo bedankt sich bei jedem Käufer regionaler Weine, der unserer Umwelt unnötigen Treibstoffverbrauch und schädliche Emissionen erspart, persönlich (zeigt aber auch für Liebhaber südlicherer Lagen mitfühlendes Verständnis).
* Fühlen Sie sich heimisch in einer Atmosphäre wohlwollenden Entgegenkommens, die Rezzo bereits im Stuttgarter Bürgermeisterwahlkampf so erfolgreich zu schaffen verstand.

Während unsere Kamera durch den Saal schweift, – da sehe ich gerade die Landesvorsitzende, Sprecherin, um korrekt zu bleiben, des vergangenen Jahres – niemand hat so viele Vorsitzende in so kurzer Zeit wie die grüne Partei, ein Fall fürs Guiness-Buch der Rekorde – die Landesvorsitzende, die ehemalige, des vergangenen Jahres, also der weibliche Teil des SprecherInnen-Duos – wer war noch gleich ihr Partner, so kurzlebig ist das öffentliche Gedächtnis, aus den Augen aus dem Sinn, aber er hatte ja wirklich kaum Gelegenheit, darin wahrnehmbare Spuren zu hinterlassen, in der Kürze der Zeit und im Schatten dieser beeindruckenden Frau (glücklich bin ich wieder bei ihr angekommen), diese Frau eben bereitet sich ja gerade auf ein Landtagsmandat vor – lassen wir die Kamera ruhig etwas länger auf ihr weilen, sonst tut sich ja auch noch nichts – sie hat sich zur neuen landesweiten Spitzenkandidatin ausersehen, das heißt, sie wird dann die Landtagsfraktion der Grünen sicherlich auch anführen ... Ja, das stimmt, sie muß natürlich erst noch von der Basis bestätigt werden, als Listenführerin auf der Bezirksliste und landesweit als ... (als was eigentlich? Will sie sich als künftige Ministerpräsidentin präsentieren? Wie soll das dann aussehen? Egal. Sie wird es schon wissen.)

All das scheint nur noch reine Formsache, nach dem sie sich selbst bereits entschieden hat ...

Jedenfalls dürfen wir uns auf eine spannende Begegnung freuen. Auf den ersten Blick scheint das Übergewicht – nun können wir schon sehen, wie sich fünf weitere Delegierte in den Saal bemühen, vielleicht ist draußen der Kaffee vorübergehend ausgegangen, muß frisch aufgebrüht werden: Und es ist noch nicht einmal viertel nach acht! – Auf den ersten Blick scheint, wie gesagt, das Übergewicht, das numerische jedenfalls, auf seiten der früher so gefürchteten Basis zu liegen. Was haben wir nicht schon alles an großartigen Kämpfen gesehen! Was waren das nicht für Wadlbeißer und scharfzähnige Terrier! Aber: auch die Grünen werden älter (so wie wir alle). (Hier wäre wunderbar Platz für eine Werbung für Zahnersatzreiniger)...

Es ist bereits ruhiger geworden um die Basis, in der Basis und besonders um die Basis in der Basis – wo sind sie hin all die Fundamentalisten? – und selbst die zahlenmäßige Überlegenheit scheint ihr durchaus nicht immer gewiß. Natürlich werden wie eh und je fleißig Delegierte gewählt, aber ob sie hinterher tatsächlich den Saal füllen? – Ja, hier kommen wieder zwei. Das Podium dagegen ist bei den Grünen immer reichlich gefüllt. Deshalb eignet sich auch nicht jede Kongreß- oder Stadthalle für einen grünen Parteitag: Nicht jede Bühne ist breit genug, um all die Beisitzer aus Bundes-, Landes- und Kreisprominenz aufzunehmen.

Jetzt ist das Podium tatsächlich gefüllt. Fast pünktlich um halb neun können wir zum Anpfiff schreiten. (Eine Einblendung des Sponsors: ‚Diesen Parteitag widmet Ihnen ...‘ – Ach so, ja, kein Sponsor, kein Spot.)

Heute geht es um das Landesparteiprogramm zur ‚Jahrhundertwahl‘ (‚Jahrtausendwahl‘?), die im nächsten Herbst stattfindet. Wir dürfen gespannt sein, was uns die Grünen, angesichts der überwältigenden Fülle von bundes- und landespolitischen Problemen zu bieten haben. Überall sonst, das muß man ehrlich sagen, und deshalb sind wir heute so gespannt auf grünen Angriffswirbel, herrscht spielerische Langeweile. Der ‚catenaccio‘ (ital. ‚Riegeltaktik‘) ist wieder zu Ehren gekommen: Überall wird gemauert, blockiert, abgeblockt. ‚Riegel-Rudi‘ allerdings würde schimpfen: ‚Wir haben wenigstens noch gekämpft, wir hatten keine Angst, unsere Dressen dreckig zu machen; aber dieses *Aussitzen* hier grenzt ja an Arbeitsverweigerung!‘

Nirgends die Tugenden zu finden, die in deutschen Menschschaften ohnehin immer Mangelware waren: frischer Angriffsfußball, überraschende Finten, Pässe ‚aus der Tiefe des Raumes‘, die hohe Kunst des Doppelpasses und rasanter Dribblings. Nur die Grünen gehen gelegentlich noch in Steilvorlage.

Und schon geht’s los. Beinahe hätten wir den Anstoß verpaßt. Fast unmerklich bewegt sich der LaVo aus dem Mittelkreis – noch sind immer nicht alle Delegierten auf ihrem Platz, ja merkt denn das keiner? Hinterher wird es wieder heißen, wir haben die ersten Minuten verschlafen! Der LaVo dribbelt sich vor, schon ist die erste Präambel durch, aufwachen! Hallo, Basis, aufwachen!

Aber nein, der LaVo ist bereits im Strafraum, ohne daß sich ihm überhaupt irgendein Delegierter entgegengestellt hätte – die haben ihre Trikots ja noch nicht einmal übergezogen, geschweige denn die Stiefel geschnürt, was ist denn da los?! – Tor, Tor, Tor!!! Der Landesvorstand hat voll eingebombt! Mitten ins Kreuzeck: Der erste Programmhauptteil ist voll durchgegangen, sämtliche Änderungsanträge gar nicht erst eingebracht oder grandios abgeschmettert! In aller Ruhe und siegesgewiß bewegt sich die Vorstandsfrau- und mannschaft auf den Anstoßpunkt zurück.

Aber jetzt wird es lauter im Saal. Es kommt Bewegung in die Massen! Die Masse kommt in Bewegung! – Fast alle Plätze sind nun besetzt. Nun kann es wirklich losgehen.

Und schon geht es auf!

Die ersten Änderungsanträge werden eingebracht. Ja, nur nicht locker lassen! Nein, nicht abschmettern lassen in den zuständigen Arbeitskreis! Festhalten am Antrag, ja, so gibt man Kontra! Endlich! Die Basis bewegt sich. Das, worauf wir uns alle Jahre freuen dürfen, trifft nun ein: Die Basis gibt dem Vorstand Saures!

Schon wird diskutiert, welcher Antrag zuerst diskutiert werden soll. Ja, so ist es recht! Sie schieben einen Antrag nach, welcher Antrag zuerst diskutiert werden muß! Genau so hält man dagegen. Davon können wir alle nur lernen. Und schon schnappt sich ein erster Antreiber der Basis den Ball, ein echter Spielmacher – oder ist es nur ein Wasserträger? Egal, er ergreift das Wort, wirft sich voll ins Zeug: „Ich bin gar nicht darauf vorbereitet, daß ich hier jetzt die Gelegenheit habe, meinen Antrag zu begründen, aber dennoch ..."

Und gleich wird abgestimmt. Das gibt eine echte Kampfabstimmung! Antrag 1a gegen 1b! Ja, worum geht's denn überhaupt? Egal, ich glaube, die Basis konnte einen kleinen Vorteil erreichen. Nein, ein Fehlpaß, ein mißglückter Rückpaß! Das durfte nicht passieren! Was

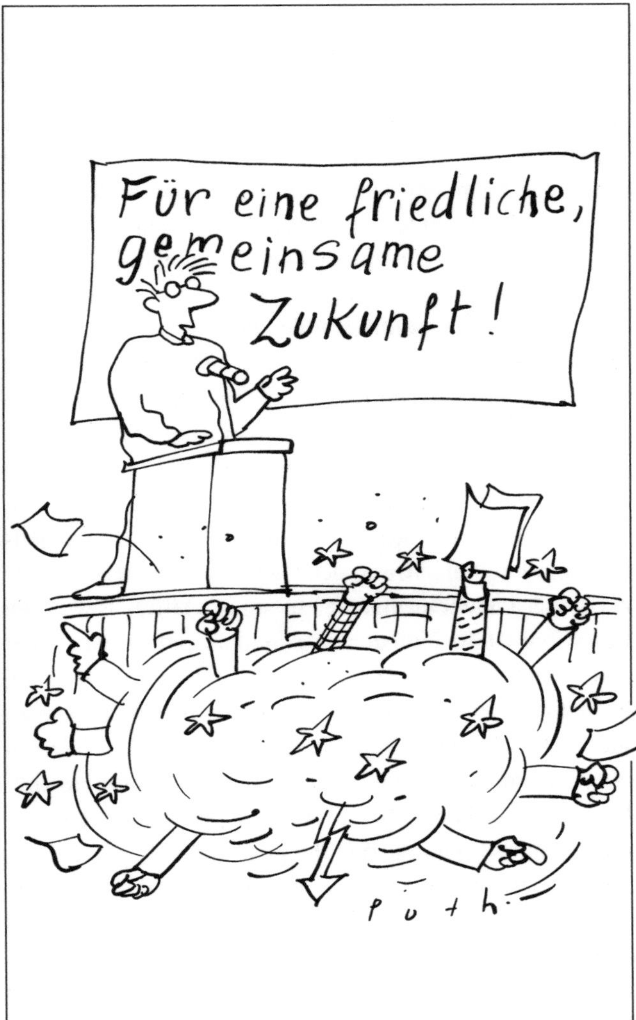
Für eine friedliche, gemeinsame Zukunft!
puth

ist denn da los? – Das Podium stiftet Verwirrung: ‚Es gibt keine weiteren Antragstexte!' – Wie kann denn das sein? Ich sehe doch, daß laufend weiter Stapel um Stapel ausgeteilt wird, viele gelbe Zettel.

Wo sind wir überhaupt? Auf dem Podium halten sie ein Paper hoch mit dem Antragstext, nur leider etwas weit weg, kaum zu lesen: Ob die Delegierten diesen Text vorliegen haben? Ein gelber Zettel, ja genau. Und schon die nächste Abstimmung. Nein, zuvor kommt ein Geschäftsordnungsantrag. Oder kommt er doch nicht? Das Podium wehrt erfolgreich und äußerst geschickt ab: ‚Das ist kein GO-Antrag, das ist ein inhaltlicher Änderungsantrag, der nicht mehr zulässig ist.'

Das nenne ich eine gute Parade. Und sofort der Konter! Das zeichnet eine gute Frau- und Mannschaft aus, daß sie blitzartig von Verteidigung auf Angriff umschalten kann, die Verwirrung des Gegners kaltblütig ausnutzend mit Vorstößen bis tief in seine Hälfte. Bevor die Basis ihre Reihen wieder ordnen kann, schon die Frage: ‚Sieht sich die Versammlung jetzt schon in der Lage, über diesen Programmteil, so wie er vorliegt, abzustimmen?' Ein Großteil bejahender Stimmzettel geht nach oben. ‚Dann stimmen wir über diesen Programmteil ab?' Und schon steht es 2:0, und die Basis hat noch nicht einmal gemerkt, was da mit ihr geschieht! Taktisch klug fällt der Jubel des LaVos diesmal verhaltener aus. Als wäre nichts gewesen, zieht mensch sich auf die Ausgangspositionen zurück.

Neuer Anstoß. – Ich bin ja beileibe nicht zum ersten Mal auf einem Parteitag, auch wenn er sich Landesdelegiertenversammlung nennt, ich habe schon vieles gesehen und erlebt, liebe Zuschauer und Zuseherinnen, aber eines habe ich noch nie verstanden: warum immer die erfolgreiche Menschschaft den Anstoß machen darf. Oder liegt es nur daran, daß immer der Parteivorstand den neuerlichen Anstoß gibt und er gleichzeitig stets der Teil ist, der punktet? Daß es nur zufällig einmal bei den Grünen anders war? Wie auch immer, die Partie läuft weiter, der LaVo ist bereits wieder voll auf Angriff übergegangen. Mit einer feinen Kombination aus Entwurf, Kompromiß und Pro-Rede ist er mit wenigen wohl eintrainierten Spielzügen schon wieder am gegnerischen Sechzehner. Standardsituation nennt sich das. Aber die basische Innenverteidigung steht!

‚Gegenrede?' – ‚Ja, formal.' Daß ausgerechnet jetzt so ein Stockfehler passieren mußte! Da wird immer darüber geklagt, daß deutsche Frau- und Mannschaften über allzu wenig technische Finessen verfügten, und wenn mann so was sieht, dann muß mann solchen Klagen rechtgeben, so leid es mir tut. Jetzt wirft sich der Vorstopper der Basis in die Bresche, aber viel zu überhastet. Eine kleine, elegante Körpertäuschung und er ist überspielt: ‚Wer stimmt dem zu, daß jetzt darüber abgestimmt wird?'

Ich fürchte, die Basis ist heute völlig außer Form. Da geht kein Aufbäumen durch die Menschschaft, da ist kein Wille erkennbar, endlich Kontra zu geben. Da fehlen SpielerInnenpersönlichkeiten, die gerade dann Verantwortung übernähmen, wenn es mal nicht so gut läuft. Offenbar ist die Basis ausgeblutet. Seit Jahren verliert sie gerade die Besten jeder Saison an ihren Gegner. Mit den Gehältern, die der LaVo bietet, kann die Basis einfach nicht mithalten. Seit dem Bosman-Urteil gibt es nicht einmal mehr Ablösesummen, die der Rede wert wären. Das verkraftet auf Dauer kein Team, da kann die Nachwuchsarbeit noch so gut sein. Je besser sie ist, desto besser für den überlegenen Gegner. Ein Wechsel aus der Basis ist ja auch nur allzu verständlich: Jede/r möchte gerne in der besten Truppe spielen. Aber ich muß ehrlich sagen, daß der Unterhaltungswert solcher Begegnungen darunter erheblich leidet. Wenn das so weiter geht, können wir unsere Live-Übertragungen einstellen! Da hat doch niemand etwas davon. Wenn sich der LaVo in seiner Einkaufspolitik nur etwas beschränken würde, wäre doch allen gedient! – Ich wüßte auch gar nicht, wen der LaVo heuer abwerben könnte. Das sind doch alles nur stümperhafte Versuche, ein eigenes Spiel aufzuziehen. Gegen solch klägliche Winkelzüge reicht doch bloße Routine: ‚Es ist also eine Abstimmung darüber notwendig, ob es einen reinen Frauenteil geben wird.‘ Die schaukeln das Spiel doch nach Hause. Da strengt sich keiner mehr an. Da müßte mann Angst haben, daß man/frau den Gegner aufbaut – wenn ein Gegner da wäre: ‚Eine weitere Pro- und Contra-Rede zu diesem Thema? Wer stimmt dem zu?‘

Das sind doch alles nur taktische Verschleppungen. Das Podium will sich jetzt schon über die Zeit retten, es ist kaum zu glauben. ‚Ist eine Abstimmung darüber nötig, ob es eine Frage des Selbstbestimmungsrechts der Frauen ist?‘ Haben die denn noch nie etwas von der

Rückpaßregel gehört? ‚Es ist eine Frage, über die nur Frauen abstimmen dürfen.'

Da schweigt des Sängers Höflichkeit. Sie hören, meine Damen und Herren, beziehungsweise sie hören eben nicht, daß meine Kommentare des Geschehens unten im Stadion immer spärlicher werden. Was soll man da auch noch sagen? Das war doch ein regelrechtes Eigentor, völlig unbedrängt und unverständlich: ‚Dieser Antrag wird zurückgezogen.' Da fragt man sich doch, warum die Delegierten überhaupt noch herfahren. Viel Reisekosten könnten gespart werden, wenn sie dem LaVo die Punkte gleich überwiesen.

‚Ich würde euch bitten wollen, dem Kompromiß des Arbeitskreises zuzustimmen.' Ich glaube, sie wollen nicht. Oder sie können nicht mehr. Das ist ja ein Ballgeschiebe wie damals bei Deutschland gegen Österreich. Nicht zum Hinschauen!

Halt! Es scheint, als rege sich doch noch ein Rest des alten Kampfgeistes. Vielleicht habe ich zu früh resigniert. Vielleicht hat die Basis noch nicht resigniert. Den Rückstand wird sie sicher nicht mehr aufholen. Aber wie sie sich jetzt ins Zeug legt! Vier Textvarianten liegen schon vor! Jetzt geht's erst richtig los! Aufgewacht, meine Damen und Herren, zu Hause an den Bildschirmen, aufgewacht! Es rührt sich was!

‚Wir haben also vier Textvarianten. Unsere Geschäftsordnung sieht vor, wenn nur ein Antrag mehr Ja- als Nein-Stimmen erhält, gilt er als angenommen. Wenn zwei oder mehr positiv abgestimmt werden, dann kommt es zwischen den zwei Anträgen mit den meisten Ja zu einer Alternativabstimmung.' – ‚Das ist knapp. Das können wir so nicht entscheiden. Das muß ausgezählt werden.' Das ist O-Ton! Nichts geht über O-Ton! Da ist jeder Kommentar zuviel: Das macht den besonderen Reiz einer Live-Übertragung aus.

‚Der Satzungsentwurf erhält 98 Ja und 102 Nein, der Kompromißvorschlag des Arbeitskreises 108 Ja und 85 Nein. Für den Änderungsantrag stimmen 87 mit Ja, 106 mit Nein. Die Variante ist mit 67 Ja und 119 Nein abgelehnt. Damit ist der Kompromißvorschlag angenommen.' Doch da kommt Unwille auf. Anfechtungen. Zwischenrufe. Ein Streit um das Mikrophon. – Ach, was waren das noch für wunderbare Zeiten, als das Podium einfach den Strom abschaltete! – Das ist es, meine Damen und Herren, worauf wir so lange gewartet haben. Das ist es, woran wir uns von früher noch so gut erinnern. Endlich hält die Basis dagegen, will nicht klein beigeben. Sie gibt das Spiel noch nicht verloren. Da muß es uns auch nicht weiter stören, daß der heftige Streit, der nun entbrennt, um eine, lassen Sie es uns offen sagen, vergleichsweise Marginalie geht. Wenn mensch ehrlich ist, muß mensch sagen, daß dieser Kampf ja doch nur an der Mittellinie stattfindet. Da hilft all das Grätschen nichts und der Kampf um jeden Meter. Jetzt fliegen die Gelben Karten nur so! Foul! Foul! Schweres Foul! Ja sieht das denn keiner?! Hier darf man doch nicht wegsehen! Das soll die berühmte innerparteiliche Fairneß sein? Überall hin versprühen die Grünen ihre Humanität, Mitgefühl und Menschlichkeit, aber zu Hause: immer munter drauf! Na endlich, wenigstens die Kol-

legen aus dem Vorstand springen ihr bei. Das gehört
doch gar nicht hier her! Hier geht es doch um inhaltliche
Diskussionen, da hat das Gezerre um die Spitzenkandidatur doch überhaupt nichts verloren. Soll denn
morgen wieder in der Zeitung stehen, daß die Grünen
systematisch ihre SpitzenkandidatInnen demontieren?
Manche Leute haben wirklich Nerven! Zurück zum Programm!

Die Basis kämpft weiter. ‚Das Ergebnis wurde ange-
zweifelt. Bevor ihr uns jetzt mit GO-Anträgen zuschüt-
tet, werden wir nochmals über den Satzungsentwurf
schriftlich abstimmen lassen.‘ Gegenrede: ‚Das Ergebnis ist klar.‘ ‚Es gab aber Einwendungen, daß nicht richtig gezählt worden sei. Darüber müssen wir befinden!
Wer ist dafür, daß schriftlich abgestimmt wird?‘ Jetzt
geht es drunter und drüber. Ich glaube, die Leute von der
Basis wissen gar nicht mehr, auf welcher Seite sie stehen. Nun kommt auch noch ein Geschäftsordnungsantrag, über alle vier Vorschläge schriftlich abzustimmen.
Jetzt geht alles sehr schnell: Zack! Der Antrag ist abgelehnt. Zack! Der Gegenangriff: ein Antrag, über Entwurf
und Kompromiß alternativ abzustimmen. Doch die Tor-
wartin des LaVos ist auf Draht. Eine herrliche Parade:
‚Ich kann nicht einen angenommenen gegen einen abge-
lehnten Antrag alternativ abstimmen lassen!‘ Das sitzt.
Das sehen wir alle. Nun bleibt uns nur noch zu warten,
bis ausgezählt ist, ob der mündlich abgelehnte Entwurf
schriftlich angenommen wird.

‚In der Auszählungspause der schriftlichen Abstimmung könnte ich euch inzwischen die Bundesliga-Er-

gebnisse bekanntgeben.' Gelächter. Aber tapfer gibt sie alle Ergebnisse bekannt, allerdings ohne das wichtigste. Heute gab es doch ein Lokal-Derby! Was? Das Ergebnis liegt noch nicht vor? Das Spiel ist längst zu Ende!

Ich fürchte, auch das Spiel hier ist für uns zu Ende. Wir müssen uns leider ausblenden. Unsere Zeit ist um. Eine Überziehung ist in unserem Programm nicht vorgesehen. Wir hoffen, Sie hatten trotz allem einen unterhaltsamen Abend! Wir haben kein berauschendes Spiel gesehen, keine hochklassige Partie, aber auch sie hatte *ihre Momente*, wie man so schön sagt. Stellenweise war es eine echte Hängepartie – ah, das Abstimmungsergebnis, das Ergebnis der schriftlichen Auszählung: Der Satzungsentwurf ist mit 98 Ja- und 109 Nein-Stimmen abgelehnt. Also auch zum Ende unserer Übertragung keine große Überraschung mehr. Das bestätigt nur unseren Gesamteindruck. Kein großer Pokalfight, wie wir ihn uns alle erhofft hatten, dafür war die Basis viel zu schwach. Allzu lange hat sie die Initiative dem LaVo überlassen, hat sich irgendwo an der Auslinie verzettelt oder gar das Mittelfeld über große Strecken gänzlich preisgegeben, auch die Abwehr stand nicht sicher.

Die Cleverneß und Abgebrühtheit des LaVos allerdings kann man nur bewundern. Mit dieser Leistung und dem enormen Potential, das in dieser Frau/Mannschaft steckt, kann sie auch national und international noch viel erreichen. Sicher trifft man/frau da auf wesentlich stärkere Gegner, aber der LaVo kann noch ordentlich zulegen, da dürfen wir sicher sein. Es war durchgehend eine faire Partie, was gewiß auch an der allzu großen Überlegenheit des LaVo lag: nur fünf gelbe Karten für die Basis; wegen des Zwischenfalls mit der Spitzenkandidatur stand ein Spieler der Basis kurz vor dem Platzverweis, aber die Gemüter haben sich danach sofort wieder beruhigt. Alles in allem: ein voller Erfolg für den Landesvorstand, er hat sich für *höhere* Aufgaben qualifiziert, wir dürfen gespannt sein, wie es mit ihm weitergeht. Selbstverständlich werden wir auch dann wieder live dabei sein, und wir hoffen, auch Sie dann wieder begrüßen zu dürfen. Für heute: einen schönen Abend allerseits oder besser: gute Nacht!

Heidi Rühle im Dialog mit der Basis

München, November 1997

„Hallo, liebe Freundinnen und Freunde. Schön, daß ihr so zahlreich gekommen seid! Der Wahlkampf 1998 wird uns alle viel Kraft kosten! Nur mit einer klugen Strategie und innerparteilicher Solidarität werden wir diesmal Erfolg haben. Dabei wissen wir natürlich, daß die bayerischen Landtagswahlen so kurz vor der Bundestagswahl stattfinden. Deshalb bin ich heute hier. Und deshalb werden wir euch auch noch andere Promis schicken.

Wir haben euch zu dieser Regionalmitgliederversammlung eingeladen, weil wir die regionalspezifischen Schwerpunkte und Problemlagen kennenlernen wollen. Nur so kann ein Feeling für die Belange und Bedürfnisse der Region direkt in den Landesvorstand, in die Landes- und in die Bundesgeschäftsstelle getragen werden.

Wie sehen diese Bedürfnisse nur aus? Bevor ihr dazu Stellung nehmt, sag ich euch, was wir schon wissen. Wir haben das grüne Stammwählerpotential genau untersuchen lassen. Dabei haben wir festgestellt: Es reicht nicht! Wir müssen uns also ganz besonders auf Wechsel- und Jungwähler konzentrieren. – Ich sehe, daß es da noch ein paar Fragen gibt, aber vielleicht kann ich meinen Gedanken erst zu Ende bringen und eure Fragen dann später beantworten? Vielen Dank! – Wir haben auch erforschen lassen, welche Themenschwerpunkte unsere Wähler haben, welche Probleme sie am meisten drücken. Und wir durften feststellen, daß das genau die Themen sind, die auch wir uns als Wahlkampfschwerpunkte gesetzt haben.

Jetzt wißt ihr ungefähr, wo den Leuten der Schuh drückt. Wir werden deshalb im ganzen Bundesgebiet einen sogenannten Metropolenwahlkampf machen. Jetzt erzählt mir nichts von einer bayerischen Sonderrolle. Darüber können wir ja vielleicht noch reden, aber eigentlich kann ich das wirklich nicht mehr hören. Regionale Besonderheiten hin oder her: Wir haben heuer noch weniger Mittel als in den Wahlkämpfen zuvor, und wir müssen sie gezielt da einsetzen, wo unser Potential am größten ist. Dafür werden wir euch von der Bundesgeschäftsstelle ein umfassendes Angebot an Hilfsmitteln, Plakaten usw. zur Verfügung stellen – ausgearbeitet von einer der ersten Agenturen des Landes. Gibt es jetzt noch Fragen? – Wenn niemand Fragen hat, dann will ich mich bei euch bedanken, daß ihr so aufmerksam und geduldig zugehört habt. Bevor ihr jetzt nach Hause geht, will ich euch auch noch sagen, daß mich die Geschlossenheit, die ihr heute gezeigt habt, sehr zuversichtlich stimmt. Ich bin froh, daß ich heute hier sein durfte, und bedanke mich für den so fruchtbaren Informationsaustausch. Ich bin sicher, wir werden zusammen einen guten und erfolgreichen Wahlkampf machen!"

Wir armen Umweltsünder

Wir trennen unseren Müll in Dutzend Fraktionen, bringen ihn in große und kleine Wertstoffhöfe, legen Komposthaufen an, kaufen den schlechteren Joghurt, nur weil er im Glas ist, verbieten unseren Kindern das Cola in der Dose, schämen uns, weil wir schon wieder den Einkaufskorb zu Hause vergessen haben, kaufen Tomaten und Erdbeeren im Winter nur mit sehr schlechtem Gewissen, lassen uns vom nassen Fahrradsattel den Hosenboden durchweichen, quetschen uns in die überfüllte S-Bahn, schreiben nur auf Umweltschutzpapier, schrauben die Energiesparlampen in die Fassung, verlieren diese auch nicht, wenn man uns schon wieder bei Tempo 80 mit der Lichthupe bedrängt, hören zu rauchen auf, lassen uns in die Robinson-Liste eintragen und kleben ein Schild mit der Aufschrift „Keine Werbung" auf den Briefkasten, schmeißen nichts weg, weil „weg" gibt es nicht, fahren unser Auto nur aus der Garage, wenn es zur Inspektion muß, nehmen uns, wenn wir von der Fernreise zurückkommen, fest vor, den nächsten Urlaub auf dem Balkon zu verbringen, spenden dem Vogelschutz-

Bund, sehen uns jede Aktion von Greenpeace mit Sympathie im Fernsehen an – und dennoch ist die Welt immer noch vom Untergang bedroht. Was machen wir falsch?

Bayerische Landes-
delegiertenkonferenz

Aufstellung der Bundestagsliste

Gerald Häfner, selbsternannter Rechtsexperte diverser Bundestagsfraktionen, in der „Befragung" durch einen Delegierten:

„Gerald, ich weiß, was du alles an Schmutzkampagnen und Polizeiverfolgung über Dich ergehen lassen mußtest, nur weil du dich für Bürgerrechte stark gemacht hast. Deshalb will ich gar nicht wissen, wie jemand mit einem Rechtsbewußtsein, das sich kleine Ladendiebstähle gestattet, gleichzeitig Rechtsexperte der Fraktion sein kann. Ich will es schon deshalb nicht wissen, weil ich von den Diebstählen legal ja gar nichts wissen kann, weil diese Mißgeschicke ja illegal gespeichert und noch viel illegaler veröffentlicht wurden. Und schon gar nicht will ich mich zum Handlanger rechtsbrecherischer Polizisten machen und mich an deren Schmutzkampagne beteiligen. Deshalb kein Wort über die geklauten Unterhosen. – Außerdem waren die Grünen ja immer dagegen, Leute, die, nur weil sie kein Geld haben, bei Kleinigkeiten wie Schwarzfahren oder Ladendiebstahl erwischt werden, zu kriminalisieren. Und warum sollen wir jetzt ausgerechnet bei dir damit anfangen. – Ich will nur zwei Sachen wissen: Gerald, kann das sein, daß du nur deshalb Rechtsexperte bist, weil dein Bruder Jura studiert hat? – Und dann würde ich noch was gerne wissen. Du warst jetzt all die Jahre Abgeordneter, fast seit die Grünen im Bundestag sind – außer in den vieren, in denen dich die Wähler/innen zusammen mit der Partei aus dem Bundestag rotiert haben. Und du hast dich, was ich dir hoch anrechne, stets für den ‚Gläsernen Abgeordneten' eingesetzt, also dafür, daß Abgeordnete ihre gesamten Einkünfte offenlegen. Jetzt weiß ich zwar nicht, was du verdienst ..."

Katja Raths, vom Podium: „Kommst du jetzt endlich zum Schluß? Dies ist eine Fragerunde. Du sollst hier den Kandidaten nicht alles Mögliche und Unmögliche vorhalten, sondern lediglich eine Frage stellen. Es stimmt zwar, daß für die Befragung der Kandidaten acht Minuten vorgesehen sind, aber die kannst du doch nicht alleine verbrauchen!"

Delegierter: „Ich hab's gleich. Also, Gerald, würdest du, wenn du nochmals gewählt wirst, endlich – wie das alle außer dir machen – einen Teil deiner Diäten als Parteispende abführen? Und würdest du, falls du aus irgendeinem Grund die Partei verlassen solltest, gleichzeitig dein Mandat zurückgeben?"

Häfner: „Ich danke dir, daß du dich an den Schmutzkampagnen gegen mich nicht beteiligst. Ich habe von den Grünen ja auch nichts anderes erwartet. Das waren regelrechte Jagdszenen in Oberbayern. Wehe, wenn ein GRÜNER unter die Grünen fällt! Die verdrehen dir erst den Daumen, dann die Worte und am Ende drehen sie dir einen Strick aus deinen Jugendsünden. Verfehlungen, die ich im übrigen offen bekenne. Ich kann sie nur aus dem Streß erklären, unter dem ich damals stand. Ihr wißt ja, daß ich damals kein Bundestagsabgeordneter mehr sein konnte, weil es keine grünen Bundestagsabgeordneten mehr gab, und meine Zukunft war unsicher. Und Ihr wißt ja auch, was ich damals als Landesvorsitzender verdient habe!

Und nun zu deinen Fragen: Die erste Frage kann ja wohl nicht ernst gemeint sein, auch wenn ich nicht ganz sehe, wo da der Witz ist. Auf die anderen beiden kann ich nur ganz ernsthaft erwidern, einmal, daß ich immer versucht habe zu spenden, was von mir erwartet wurde, wie ich mich ja ohnehin immer bemühe, alles zu leisten, was man und besonders frau von mir erwarten; es tut mir leid, wenn ich nicht alle Erwartungen erfüllen konnte, aber ich verspreche, in meinem Bemühen, es zu versuchen, nicht nachzulassen; und zum zweiten, daß ich mir nie und nimmer vorstellen kann, jemals ohne diese Partei zu sein, wie ich mir diese Partei ja auch nicht ohne mich vorstellen kann. Falls – wie gesagt: nicht vorstellbar und nur mit äußerstem Einsatz meiner schöpferischen Phantasie überhaupt theoretisch, ich versichere, rein theoretisch, denkbar – ich je von meinem Gewissen gezwungen würde, die Fraktion, und ich sage ausdrücklich nur: die Fraktion zu verlassen, würde ich selbstverständlich weiter versuchen, die vereinbarten Diäten an die Partei abzuführen."

Großer Lauschangriff im Hause Scheel

Protokoll und Aktennotiz

I. Aktennotiz
1. Folgender Mitschnitt wurde verifiziert. Grüninternes Blatt, einziger Zweck, grüne Kader zu schmieden und einzuschwören, bestätigt, daß bündnisgrüne Finanzexpertin Christine Scheel kein Mitleid mit ihrem Papa hat: Papa Scheel, ein Steuerberater, würde durch das vereinfachende grüne Einkommenssteuermodell reichlich Klienten verlieren. 2. Leider Mitschnitt nicht verwertbar, da Pietätlosigkeit kein Straftatbestand.

II. Mitschnitt
Christine Scheel: „So wird das gemacht! Das steht doch schon in meinem Buch ‚Die Grüne und das Geld‘, da kann ich jetzt nicht mehr zurück. Und ich will auch nicht."
Papa Scheel: „Aber du ruinierst mich. Du machst die ganze Branche kaputt. Hast du den gar keinen Respekt vor deinem Vater?"
Christine: „Aber Papa, das hab' ich doch alles nur von dir gelernt. Das sag ich doch auch immer. Jede/r in der

Republik weiß das: Mein Papa ist der größte!"

Papa: „Aber das kann doch nicht der Dank sein, für all die Mühen und die Arbeit, die ich mit dir gehabt hab'. Das mußte ich doch alles finanzieren. Da ist es hinterher leicht, auf Steuerschlupflöcher zu schimpfen und sie zu stopfen. Denk doch an meine Altersversorgung. Ich kann jetzt noch nicht zu arbeiten aufhören! Hast du denn gar kein Mitleid?"

Christine: „Aber, Papa, das weißt du doch!?"

Aus der Gerüchteküche

☞ Marieluise Beck ist eine vehemente Kritikerin unserer Arbeitsgesellschaft. Ihr „Lob des Müßiggangs" („Arbeit! Arbeit! Arbeit! Sind wir alle verrückt geworden?") bedeutet unterrichteten Kreisen zufolge aber nicht, daß sie wieder zur guten alten Praxis des Mandats-Sharings zurück und, wie damals in den grünen Gründerjahren nach zwei Jahren üblich, von einer Nachrückerin abgelöst werden will.

☞ Waltraud Schoppe, bekannte Ex-Mitgliedin des inzwischen unbekannten „Feminats", die sich einst einen Kanzler wünschte, der über Formen des Liebesspiels Bescheid wüßte, die nicht zu unerwünschten Schwangerschaften führen können, bestreitet, daß sie wisse, wieviel Joschka davon weiß.

☞ Friedrich Wilhelm Graefe zu Baringdorf, MdE, denkt, heißt es, nicht über einen Doppelnamen nach. „Mein Name ist melodisch und in sich ausgewogen. Er ließe sich allenfalls durch einen Viersilbler mit Betonung auf der vorletzten Silbe ergänzen", soll er gesagt haben und angefügt: „und wo soll ich den hernehmen?" (Vorschläge an die Redaktion)

☞ Die grüne Bundestagsfraktion hat Meldungen über ein geplantes Preisausschreiben zurückgewiesen. Es stimme nicht, daß sie einen Preis für das grüne Parteimitglied ausloben wolle, das mehr als zwei grüne Bundestagsabgeordnete mit Namen nennen könne (Joschka Fischer gilt nicht!). Wer nur ein aktuelles, zusätzlich aber zehn MdBs früherer Legislaturperioden nennen kann, hätte nach diesen Plänen ebenfalls mit einem Preis rechnen dürfen. Erster Preis: ein halbstündiger Besuch in Bonn (als Gruppenfahrt selbstverständlich), um die Fraktion gründlich kennenzulernen. Warum die Bundestagsfraktion von diesen Plänen wieder abgerückt ist, ist nicht bekannt.

☞ Der „Chemiepolitiker" (was immer das ist) und Bundestagsabgeordnete Jürgen Rochlitz (wer immer das ist) hat sich kürzlich um das Reinheitsgebot für deutsches Bier gesorgt. Die Pestizid-Grenzwerte seien zu hoch. Jetzt ist er angeblich in das von ihm so genannte „Biertrinkerparadies" Bayern gefahren, um der Sache im Selbstversuch auf den Grund zu gehen.

☞ Es ist nicht wahr, daß Fraktions- und Parteivorstände künftig Fischer-Chöre heißen sollen. Wahr ist hingegen, daß beide von Fischer schon ganz gut dirigiert werden.